Gustav Meyrink

Des deutschen Spießers Wunderhorn

Gesammelte Novellen - 2. Band

Gustav Meyrink

Des deutschen Spießers Wunderhorn

Gesammelte Novellen - 2. Band

ISBN/EAN: 9783959134729

Auflage: 1

Erscheinungsjahr: 2017

Erscheinungsort: Treuchtlingen, Deutschland

Literaricon Verlag UG (haftungsgeschränkt), Uhlbergstr. 18, 91757 Treuchtlingen. Geschäftsführer: Günther Reiter-Werdin, www.literaricon.de. Dieser Titel ist ein Nachdruck eines historischen Buches. Es musste auf alte Vorlagen zurückgegriffen werden; hieraus zwangsläufig resultierende Qualitätsverluste bitten wir zu entschuldigen.

Printed in Germany

Cover: Heinrich Zille, Spreewaldammen, Abb. gemeinfrei

Gustav Meyrink
Des deutschen Spießers Wunderhorn
Gesammelte Novellen

Neuntes bis zwölftes
Tausend

Zweiter Band

Albert Langen, München

Copyright 1913 by Albert Langen, Munich

Druck von Hesse & Becker in Leipzig
Einbände von E. A. Enders in Leipzig

Inhalt des zweiten Bandes

	Seite
Der Mann auf der Flasche	7
Wozu dient eigentlich weißer Hundedreck?	18
Tschitrakarna, das vornehme Kamel	26
Die Urne von St. Gingolph	34
Dr. Lederer	41
Das Präparat	47
Das Buch Hiopp	54
Coagulum	63
Das ganze Sein ist flammend Leid	72
Der Tod des Selchers Schntel	78
Hilligenlei	83
„Krank"	99
Das verdunstete Gehirn	102
Tut sich — macht sich — Prinzeß	111
Das Fieber	117
Der heiße Soldat	124
Die Pflanzen des Dr. Cinderella	130

Der Mann auf der Flasche

Melanchthon tanzte mit der Fledermaus, die den Kopf unten und oben die Füße hatte.

Die Flügel um den Leib geschlagen und in den Krallenzehen einen großen goldenen Reifen steif empor=
haltend, wie um anzudeuten, daß sie von irgendwo herabhänge, sah sie ganz absonderlich aus, und es mußte einen merkwürdigen Eindruck auf Melanchthon machen, wenn er beim Tanzen beständig durch diesen Ring zu sehen gezwungen war, der genau in seine Gesichtshöhe reichte.

Sie war eine der originellsten Masken auf dem Feste des persischen Prinzen, — auch eine der scheuß=
lichsten allerdings — diese Fledermaus. —

Sogar Seiner Durchlaucht Mohammed Darasche=
Koh, dem Gastgeber, war sie aufgefallen.

„Schöne Maske, ich kenne dich,“ hatte er ihr zu=
geflüstert und damit große Heiterkeit bei den Neben=
stehenden erregt.

„Es ist bestimmt die kleine Marquise, die intime Freundin der Fürstin,“ meinte ein holländischer Rats=
herr, gekleidet im Stile Rembrandts — es könne gar nicht anders sein; jeden Winkel wisse sie im Schlosse, — ihren Reden nach — und vorhin, als mehreren Kavalieren der ‚frostige‘ Einfall gekommen, sich von

dem alten Kammerdiener Filzstiefel und Fackeln bringen zu lassen, um draußen im Parke Schneebällen zu werfen, wobei die Fledermaus ausgelassen mitgetollt habe —, hätte er wetten mögen, ein ihm wohlbekanntes Hyazintharmband an ihrem Handgelenk aufblitzen gesehen zu haben.

„Ach, wie interessant," mischte sich ein blauer Schmetterling ins Gespräch, — „könnte da nicht Melanchthon vorsichtig ein wenig sondieren, ob Graf de Faast, wie es in letzter Zeit den Anschein hat, bei der Fürstin wirklich Hahn im Korbe ist?"

„Ich warne dich, Maske, sprich nicht so laut," unterbrach ernst der holländische Ratsherr. „Nur gut, daß die Musik den Walzerschluß fortissimo spielte, — vor wenigen Augenblicken noch stand der Prinz hier ganz in der Nähe!"

„Ja, ja, am besten kein Wort über solche Dinge," riet flüsternd ein ägyptischer Anubis, „die Eifersucht dieses Asiaten kennt keine Grenzen; und es liegt vielleicht mehr Zündstoff im Schlosse aufgehäuft, als wir alle ahnen. — Graf de Faast spielt schon zu lange mit dem Feuer, und wenn Darasche=Koh wüßte — — —"

Eine rauhe, zottige Figur, ein geschlungenes Knäuel aus Seil darstellend, bahnte sich — in wilder Flucht vor einem hellenischen Krieger in schimmerndem Waffenschmuck — eine Gasse durch die Gruppe der Masken, die den beiden verständnislos nachsahen, wie sie auf flinken Gummisohlen über den spiegelglatten Steinboden huschten.

„Hättest du denn keine Angst, durchgehauen zu werden, Mynher Kannitverstahn, wenn du der gordische Knoten wärest und wüßtest, daß Alexander der Große hinter dir her ist?" spottete die umgekehrte Fledermaus und tippte mit dem Fächer auf des Holländers ernsthafte Nase.

„Ei, ei, ei, schöne Marquise Fledermaus, der scharfe Geist verrät sich stets," scherzte ein baumlanger „Junker Hans" mit Schweif und Pferdefuß. „Wie schade, ach wie schade, daß man dich —

Füßchen oben — nur als Fledermaus so auf dem Kopfe stehen sehen darf."

Jemand stieß ein brüllendes Gelächter aus.

Alle drehten sich um und sahen einen dicken Alten mit breiten Hosen und einem Ochsenkopf.

„Ah, der pensionierte Herr Handelsgerichtsvizepräsident hat gelacht," sagte trocken der Junker Hans.

Da ertönt dumpfes Läuten, und ein Henker im roten Talar der westfälischen Vehme, eine erzene Glocke schwingend, stellt sich inmitten des ungeheuren Saales auf — über sein blitzendes Beil gelehnt.

Aus den Nischen und Loggien strömen die Masken herbei: Harlekins, „Ladies with the rose", Menschenfresser, Ibise und gestiefelte Kater, Piquefünfe, Chinesinnen, deutsche Dichter mit der Aufschrift: „Nur ein Viertelstündchen", Don Quixotes und Wallensteinische Reiter, Kolombinen, Bajadèren und Dominos in allen Farben.

Der rote Henker verteilt Täfelchen aus Elfenbein mit Goldschrift unter die Menge.

„Ah, Programme für die Vorstellung!!"

„Der Mann in der Flasche"
Marionetten-Komödie im Geiste Aubrey Beardsleys
von Prinz Mohammed Darasche-Koh

Personen:
Der Mann in der Flasche . . . . Miguel Graf de Faast
Der Mann auf der Flasche . . . . Prinz Mohammed Darasche-Koh
Die Dame in der Sänfte . . . .   • •   •
Vampyre, Marionetten, Buckelige, Affen, Musikanten

Ort der Handlung:
Ein offener Tiger-Rachen

„Was?! Vom Prinzen selbst ist das Puppenspiel?"

„Vermutlich eine Szene aus 1001 Nacht?"

„Wer wird denn die Dame in der Sänfte geben?" hört man neugierige Stimmen durcheinander fragen.

„Unerhörte Überraschungen stehen uns heute noch bevor, oh ja," zwitschert ein niedlicher Incroyable in Hermelin und hängt sich in einen Abbé ein, — „weißt du, der Pierrot vorhin, mit dem ich die Tarantella tanzte, das war der Graf de Faast, der den Mann in der Flasche spielen wird, und er hat mir viel anvertraut: — Die Marionetten werden schrecklich unheimlich sein, aber nur für die, die es verstehen, weißt du — und einen — — — — Elefanten hat der Prinz eigens aus Hamburg telegraphisch bestellt — — — aber du hörst mir ja gar nicht zu!" — Und ärgerlich läßt die Kleine den Arm ihres Begleiters los und läuft davon.

Durch die weiten Flügeltüren fluten immer neue Scharen von Masken aus den Nebengemächern in die Festeshalle, sammeln sich planlos in der Mitte, laufen durcheinander wie das ewig wechselnde Farbenspiel eines Kaleidoskopes, oder drücken sich an den Wänden zusammen, die wundervollen Fresken Ghirlandajos zu bestaunen, die bis zur blauen, sternenbesäten Decke emporsteigend gleich Märchengeländen den Saal umrahmen.

Wie eine buntschillernde Insel des Lebens liegt die Halle, umspült von den Gefilden farbengebundener Phantasien, die, einst in froh pochenden Künstlerherzen erwacht, eine jetzt kaum mehr verständlich einfache und langsame Sprache den hastenden Seelen des Heute zuraunen.

———————

Diener reichen Erfrischungen auf Silbertassen in das fröhliche Gewoge, — Sorbet und Wein. — — Sessel werden gebracht und in die Fensternischen gestellt.

Mit scharrendem Geräusch schieben sich die Wände der einen Schmalseite zurück, und langsam rollt eine Bühne aus dem Dunkel vor, mit rotbraun und gelb geflammter Umrahmung und weißen Zähnen oben und unten: ein stilisierter, gähnender Tigerrachen.

In der Mitte der Szene steht eine riesige kugelförmige Flasche. Aus fußdickem Glas. Fast zwei Mann hoch und sehr geräumig. Rosa Seidenvorhänge im Hintergrunde des Theaters. —

Die kolossalen Ebenholztüren des Saales fliegen auf, und mit majestätischer Ruhe tritt ein Elefant — gold- und juwelengeschmückt — herein. Auf seinem Nacken der rote Henker lenkt ihn mit dem Stiel seines Beiles.

Von den Spitzen der Stoßzähne schwingen Ketten von Amethysten, nicken Wedel aus Pfauenfedern.

Goldgewirkte Decken hängen dem Tier in rosinfarbenen Quasten über die Flanken bis auf den Boden herab.

Die ungeheure Stirne hinter einem Netz mit funkelnden Edelsteinen, schreitet der Elefant gelassen durch den Festraum.

In Zügen umdrängen ihn die Masken und jauchzen der bunten Schar vornehmer Darsteller zu, die in einem Palankin auf seinem Rücken sitzen: Prinz Darasche-Koh mit Turban und Reiheragraffe. — Graf de Faast als Pierrot daneben. — Marionetten und Musikanten lehnen starr und steif wie Holzpuppen.

Der Elefant ist bei der Bühne angelangt und hebt mit dem Rüssel Mann um Mann aus dem Palankin; — Händeklatschen und lauter Jubel, als er den Pierrot nimmt und in den Hals der Flasche hinabgleiten läßt, dann den Metalldeckel schließt und den Prinzen obendrauf setzt.

Die Musikanten haben sich im Halbkreis niedergelassen und ziehen seltsame, dünne, gespenstisch aussehende Instrumente hervor.

Ernsthaft sieht der Elefant ihnen zu, dann kehrt er langsam um und schreitet zum Eingang zurück. Toll und ausgelassen wie Kinder hängen sich ihm scharenweise die Masken an Rüssel, Ohren und Stoßzähne und wollen ihn jauchzend zurückhalten; — — er spürt ihr Zerren kaum.

Die Vorstellung beginnt. Irgendwoher, wie aus dem Boden herauf, tönt leise Musik. —

Puppenorchester und Marionetten bleiben leblos wie aus Wachs.

Der Flötenbläser stiert mit gläsernem, blödsinnigem Ausdruck zur Decke; — die Züge der Rokokodirigentin in Perücke und Federhut, den Taktstock wie lauschend erhoben und den spitzen Finger geheimnisvoll an die Lippen gelegt, sind in grauenhaft lüsternem Lächeln verzerrt.

Im Vordergrund der Bühne die Marionetten — ein buckliger Zwerg mit kalkweißem Gesicht, ein grauer grinsender Teufel und eine fahle geschminkte Sängerin mit roten lechzenden Lippen — scheinen in satanischer Bosheit um ein schreckliches Geheimnis zu wissen, das sie in brünstigem Krampfe erstarren ließ. — — —

Das haarsträubende Entsetzen des Scheintodes brütet über der regungslosen Gruppe.

— — Nur der Pierrot in der Flasche ist in ruheloser Bewegung, — schwenkt seinen spitzen Filzhut, verbeugt sich, und mitunter grüßt er hinauf zu dem persischen Prinzen, der mit gekreuzten Beinen unbeweglich auf dem Deckel der Flasche sitzt, — dann wieder schneidet er tolle Grimassen.

Seine Luftsprünge bringen die Zuschauer zum Lachen, — — — — wie grotesk er aussieht!

Die dicken Glaswände verzerren seinen Anblick so seltsam; — manchmal hat er Glotzaugen, die hervorquellen und so wunderlich funkeln, dann wieder gar keine Augen, nur Stirne und Kinn, — oder ein dreifaches Gesicht; — zuweilen ist er dick und gedunsen, dann wieder skelettartig dürr und langbeinig wie eine Spinne. — Oder sein Bauch schwillt zur Kugel an.

Jeder sieht ihn anders, je nachdem der Blick auf die Flasche fällt.

In gewissen kurzen Zeiträumen ohne jeden erkennbaren, logischen Zusammenhang kommt ruckweise ein spukhaftes, sekundenlanges Leben in die Gestalten, das gleich darauf wieder in die alte, grauenvolle Leichenstarre versinkt, daß es scheint, als hüpfe das Bild über tote Zwischenräume hinweg von einem Eindruck zum andern, — wie der Zeiger einer Turmuhr traumhaft von Minute zu Minute zuckt.

Einmal hatten die Figuren aus schnellenden Kniekehlen heraus drei gespenstische Tanzschritte seitwärts der Flasche zu gemacht; — und im Hintergrund verrenkte sich ein verwachsenes Kind wie in lasterhafter Qual. —

Von den Musikanten einer — ein Baschkir mit irrem, wimpernlosem Blick und birnenförmigem Schädel — nickte dazu und spreizte mit einem Ausdruck schreckhafter Verworfenheit seine dürren, gräßlichen Finger, die trommelschlegelartig in kugelförmige Enden ausliefen, wie wächserne Symbole einer geheimnisvollen Entartung.

Dann wieder war an die Sängerin ein phantastisches weibliches Zwitterwesen herangesprungen — mit langen, schlotternden Spitzenhöschen — und in tänzelnder Stellung erstarrt.

Wie erfrischendes Aufatmen wirkte es förmlich, als mitten in eine solche Pause der Regungslosigkeit durch die rosaseidenen Vorhänge aus dem Hintergrunde eine verschlossene Sänfte aus Sandelholz von zwei Mohren auf die Szene getragen und in die Nähe der Flasche niedergestellt wurde, auf die jetzt von oben plötzlich ein fahles, mondscheinartiges Licht fiel.

Die Zuschauer waren sozusagen in zwei Lager geteilt, die einen — unfähig sich zu rühren und sprachlos — ganz im Banne dieser traumhaft vampyrartigen, rätselhaften Marionettentänze, von denen ein dämonisches Fluidum vergifteter, unerklärlicher Wollust ausströmte, — während die andere Gruppe, zu plump für derlei seelische Schrecken, nicht aus dem Lachen über das spaßige Gebaren des Mannes in der Flasche herauskam.

Dieser hatte zwar die lustigen Tänze aufgegeben, aber sein jetziges Benehmen kam ihnen nicht minder komisch vor.

Durch alle möglichen Mittel trachtete er offenbar, irgend etwas ihm äußerst dringend Scheinendes dem auf dem Flaschendeckel sitzenden Prinzen verständlich zu machen.

Ja, er schlug und sprang zuletzt gegen die Wandungen, als wolle er sie zerbrechen oder gar die Flasche umwerfen.

Dabei hatte es den Anschein, als schreie er laut, obwohl natürlich nicht das leiseste Geräusch durch das fußdicke Glas drang.

Die pantomimischen Gebärden und Verrenkungen des Pierrots beantwortete der Perser von Zeit zu Zeit mit einem Lächeln, — oder er wies mit dem Finger auf die Sänfte.

Die Neugier des Publikums erreichte den Höhepunkt, als man bei einer solchen Gelegenheit deutlich bemerkte, daß der Pierrot sein Gesicht längere Zeit fest an das Glas drückte, wie um etwas drüben am Sänftenfenster zu erkennen, dann aber plötzlich wie ein Wahnsinniger die Hände vor den Kopf schlug, als hätte er etwas Gräßliches erblickt, auf die Knie fiel und sich die Haare raufte. — Dann sprang er auf und raste mit solcher Schnelle in der Flasche herum, daß man bei den spiegelnden Verzerrungen manchmal nur noch ein helles, umherflatterndes Tuch zu sehen vermeinte.

Groß war auch das Kopfzerbrechen im Publikum, was es denn eigentlich mit der „Dame in der Sänfte" für eine Bewandtnis habe; man konnte wohl wahrnehmen, daß ein weißes Gesicht an die Sänftenscheibe gepreßt war und unbeweglich zur Flasche hinübersah, — alles andere aber verdeckte der Schatten, und man war auf bloßes Raten angewiesen.

„Was nur der Sinn dieses unheimlichen Puppenspieles sein mag?" flüsterte der blaue Domino und schmiegte sich ängstlich an den Junker Hans.

Erregt und mit gedämpfter Stimme tauschte man seine Meinungen aus.

Einen so recht eigentlichen Sinn habe das Stück nicht, — — nur Dinge, die nichts Gehirnliches bedeuten, könnten den verborgenen Zutritt zur Seele finden, — meinte ein Feuersalamander, und so, wie es Menschen gäbe, die beim Anblick der wässerigen Absonderungen blutleerer Leichen, von erotischem Taumel geschüttelt, kraftlose Schreie der Verzückung ausstießen, so gäbe es gewiß auch — — —

„Kurz und gut: Wollust und Entsetzen wachsen auf einem Holz," unterbrach die Fledermaus, „aber glaubt mir, ich zittere am ganzen Körper vor Aufregung, es liegt etwas unsagbar Grauenhaftes in der Luft, das ich nicht abschütteln kann; immer wieder legt es sich um mich wie dicke Tücher. — Geht das von dem Puppenspiel aus? — Ich sage nein; auf mich strömt es vom Prinzen Darasche-Koh über. Warum sitzt er so scheinbar teilnahmslos da oben auf der Flasche? Und doch läuft manchmal ein Zucken über sein Gesicht!! — — — Irgend etwas Unheimliches geht hier vor, ich lasse mir's nicht nehmen."

„Eine gewisse symbolistische Bedeutung glaube ich doch herausgefunden zu haben, und dazu paßt ganz gut, was du eben sagtest," mischte sich Melanchthon in das Gespräch. „Ist denn nicht der ‚Mann in der Flasche' der Ausdruck der im Menschen eingeschlossenen Seele, die ohnmächtig zusehen muß, wie die Sinne — die Marionetten — sich frech ergötzen, und wie alles der unaufhaltsamen Verwesung im Laster entgegengeht?"

Lautes Gelächter und Händeklatschen schnitt ihm die Rede ab.

Der Pierrot hatte sich auf dem Boden der Flasche zusammengekrümmt und umkrallte mit den Fingern seinen Hals. — Dann wieder riß er den Mund weit auf, deutete in wilder Verzweiflung auf seine Brust und nach oben — und faltete schließlich flehend die Hände, als wolle er etwas vom Publikum erbitten.

„Er will zu trinken haben, — na ja so eine große Flasche und kein Sekt drin — gebt ihm doch zu trinken, ihr Marionetten," rief ein Zuschauer.

Alles lachte und klatschte Beifall.

Da sprang der Pierrot wieder auf, riß sich die weißen Kleider von der Brust, machte eine taumelnde Bewegung und fiel der Länge nach zu Boden.

„Bravo, bravo, Pierrot — großartig gespielt; da capo, da capo," jubelte die Menge.

Als jedoch der Mann sich nicht mehr rührte und keine Miene machte, die Szene zu wiederholen, legte sich langsam der Applaus und die allgemeine Aufmerksamkeit wandte sich den Marionetten zu.

Diese standen noch immer in derselben geisterhaften Stellung, die sie zuletzt eingenommen hatten, doch lag jetzt eine Art Spannung in ihren Mienen, die früher nicht wahrzunehmen gewesen. Es schien, als ob sie auf irgend ein Stichwort warteten.

Der bucklige Zwerg mit dem kalkweißen Gesicht drehte schließlich vorsichtig seine Augen nach dem Prinzen Darasche-Koh. —

Der Perser rührte sich nicht.

Seine Züge sahen verfallen aus.

Endlich trat von den Figuren im Hintergrund einer der Mohren zögernd an die Sänfte heran und öffnete den Schlag.

Und da geschah etwas höchst Seltsames.

Steif fiel ein nackter weiblicher Körper heraus und schlug mit dumpfem Klatschen lang hin.

Einen Augenblick Totenstille, dann schrien tausend Stimmen durcheinander; — — — es brauste der Saal.

„Was ist's — was ist geschehen?!"

Marionetten, Affen, Musikanten, — alles sprang zu; Masken schwangen sich auf die Bühne:

Die Fürstin, die Gemahlin Darasche-Kohs lag da, ganz nackt; auf ein stählernes Stangengerüst geschnürt. Die Stellen, wo die Stricke in das Fleisch einschnitten, waren blau unterlaufen.

Im Munde stak ihr ein seidener Knebel. —

Unbeschreibliches Entsetzen lähmte alle Arme.

— „Der Pierrot!" gellte plötzlich eine Stimme, — „der Pierrot!" —. Eine wahnsinnige, unbestimmte Angst fuhr wie ein Dolchstoß in alle Herzen.

— „Wo ist der Prinz?!"

Der Perser war während des Tumultes spurlos verschwunden. —

Schon stand Melanchthon auf den Schultern des Junker Hans; vergebens, — — er konnte den Deckel der Flasche nicht heben, und das kleine Luftventil war — — — — zugeschraubt! —

"So schlagt doch die Wandungen ein, schnell, schnell!"

Der holländische Ratsherr entriß dem roten Henker das Beil, mit einem Satz sprang er auf die Bühne.

Es klang wie eine geborstene Glocke, als die Schläge schmetternd niederfielen; — ein schauerlicher Ton.

Tiefe Sprünge zuckten durch das Glas wie weiße Blitze; die Schneide der Axt bog sich.

Endlich — endlich — — — die Flasche brach in Trümmer.

Darinnen lag, erstickt, die Leiche des Grafen de Faast, die Finger in die Brust gekrallt.

Durch die Festeshalle mit lautlosem Flügelschlag unsichtbar zogen die schwarzen Riesenvögel des Entsetzens.

Wozu dient eigentlich weißer Hundedreck?

*„Ans Vaterland, ans
teure, schließ dich an."*

Wohl nur wenige wissen, daß er überhaupt zu etwas dient.

Er dient aber ganz bestimmt zu irgend etwas Besonderem, da ist kein Zweifel.

Wenn ich frühmorgens das Haus verlasse, knapp ehe der Postbote kommt, und in meinen Briefkasten — der übrigens sowieso mit Wasserspülung versehen ist — einen Haufen Papier wirft, bleibe ich jedesmal im Garten eine kleine Weile stehen und sage laut: Köss, Köss.

Und sofort setzt ein höchst befremdliches Phänomen ein.

Schwirrendes Gehuste dringt aus dem dürren Laub empor, Gekrächz und rasselndes Fauchen; zwei glühende Augen erglimmen in Spannenhöhe vom Boden, und gleich darauf saust etwas Schwarzes, mit einer haarlosen Balggeschwulst am Halse, hinter den Sträuchern hervor auf mich los und trachtet, von irrsinniger Wut geschüttelt, in meine Bügelfalten zu beißen.

Welcher Wesensreihe das Geschöpf angehört, konnte ich bisher nicht feststellen.

Die Morgenstunden verbringt es mit krummem Rücken und in kauernder Stellung unter einem Holunderbusch. Das ist gewiß, das habe ich nach und nach herausbekommen.

Das Dienstmädchen schwört, zuweilen trage das Phantom eine blaue Decke, feuerrot gefüttert und in der hinteren Ecke mit einer Krone geschmückt. Ich konnte dergleichen nie wahrnehmen — trotz schärfster Beobachtung —, und es scheint fast, als ob in diesem Falle die Netzhaut jedes Menschen verschieden reagiert.

Was nun das Wesen mit der Balggeschwulst auch sei, ob, nach der Krone zu schließen, der ruhelose Schemen des letzten entarteten Sprossen eines erloschenen Herrschergeschlechtes, der unter gewissen astrologischen Aspekten Gestalt gewinnt, — oder vielleicht gar nur ein simpler Bürger des Tierreiches, — etwas Gespenstisches, das mich immer wieder an seiner Stofflichkeit zweifeln läßt, haftet ihm jedenfalls an.

Ich fühle deutlich: es ist uralt, und ich zweifle nicht, sich der Schlacht bei Cannae zu entsinnen, muß ihm ein leichtes sein.

Der Hauch der Vergangenheit umweht es!

Doch trotz seines Greisentums ist nichts Abgeklärtes an ihm; der Haß einer ganzen Welt findet Raum in seinem Herzen.

Wirklich gebissen hat es in meine Bügelfalten noch nie. — Auch das spräche dafür, daß es sich um eine Spiegelung aus einer andern Sphäre handeln könnte! Irgend etwas Unwägbares, Unsichtbares scheint es zu zwingen, im letzten Millimeter, im letzten Bruchteil eines Augenblicks immer und immer wieder davon abzustehen, trotzdem es in seinem Vorhaben nie erlahmt und stets von neuem losfährt.

Unvermittelt wie das Phänomen einsetzt, erlischt es auch jedesmal.

Urplötzlich, ohne jedes Vorzeichen, gellt nämlich eine Stimme vom Himmel und ruft:

Ah— —miii! Ah— —miii!

Ganz deutlich: Ah— —miii!

Ich finde daran nichts Wunderbares. Wie oft ist es nicht bei den alten Juden vorgekommen, daß eine Stimme vom Himmel rief, warum sollte es bei mir in der Kolumbusgasse ausgeschlossen sein — —?

Auf das Wesen mit der Balggeschwulst jedoch übt es eine verheerende Wirkung aus.

Mit einem Ruck läßt das Phantom von mir ab und kratzt schnell wie der Blitz durch die Gartenpforte um die Ecke, wo es sich augenblicklich — — dematerialisiert! — — — — — — —

Nach alldem scheint mir das Wort „Ah— —miii" eine jener fluchwürdigen Klangformeln zu sein, wie man sie im Lamrim des Tson-ka-pa, den furchtbaren Zauberbüchern der Tibetaner, angedeutet findet, und die, richtig ausgesprochen, im Reiche der Ursachen astrale Wirbelstürme von einer Gewalt zu entfesseln vermögen, daß selbst wir in unsern schützenden Stoffhüllen noch die letzten Ausläufer solcher Katastrophen in Form spukhaft unerklärlicher Vorgänge schreckerfüllt wahrnehmen.

Oft habe ich die geheimnisvollen Silben „Ah— —miii" selber gesungen! Erst zaghaft, dann immer beherzter, doch niemals trat eine sichtbare Veränderung in der Welt der Materie ein.

Offenbar betone ich falsch.

Oder sollte die Wirksamkeit durch vorausgehende strenge Askese des Sängers bedingt sein? — —

Mit der Dematerialisation des Wesens mit der Balggeschwulst ist der Prozeß, dessen Zeuge ich allmorgentlich bin, keineswegs abgeschlossen.

Kaum ist nämlich die himmlische Stimme verklungen, so tritt ein Invalide in den Garten und begibt sich stumm zu dem Holunderbusch.

Ich traue niemals dem flüchtigen Augenschein, — die Sinne leisten so unsichere Gewähr für abstrakte Erkenntnis, — — der Invalide aber ist bestimmt echt. Ich habe ihn photographieren lassen.

Mit einem Schürhaken entnimmt der Krieger der Erde einige fahle Gegenstände*) — und wirft sie triumphierend zu den übrigen in den halbvollen Sack, den er an seiner rechten Seite — die linke ist mit Tapferkeitsmedaillen behangen — als Gegengewicht trägt.

Es liegt etwas Diabolisches darin, daß sich die fahlen Gegenstände immer genau an derselben Stelle

---

*) zweifellos weiße Hundexkremente

vorfinden, die kurz vorher das Wesen mit der Balggeschwulst verlassen hat! —

Es muß da zweifellos ein gespenstischer Zusammenhang bestehen!

Wenn irgendein armer Mann die fahlen Gegenstände sammeln würde, die Sache wäre kaum der Beachtung wert. Man müßte denken, sie besitzen nur geringen Wert und sollen im Haushalte der Natur irgendeinem untergeordneten Zwecke zugeführt werden. So aber!?

Invaliden sammeln dergleichen?!

Häuft nicht das Vaterland Ehre und Reichtum auf diese Menschen mit vollen Händen, der Dankesschuld für vergossenes Blut und geopferte Glieder erschüttert eingedenk?

Was jagen sie da Abfällen nach!?

Die Sache hat einen doppelten Boden!!!

Natürlich wird es wieder Schwarzseher in Menge geben, die sagen möchten, Invaliden seien arm. Die böse Absicht wäre aber zu offenkundig. — Ist es doch klar, daß — versagte hier wirklich einmal das Vaterland — der Kaiser selber freudigen Herzens einspränge. Denn wahrlich, nicht unbelohnt bleibt Opfermut fürs Vaterland, an das fest sich anzuschließen unsere „echten" Dichter immer warm empfahlen. — — —

Mit den fahlen Gegenständen muß es also eine ganz besondere Bewandtnis haben! Zu dieser Erkenntnis kam ich wohl vor Jahr und Tag. Als ich aber eines Morgens in der Zeitung las, man habe in einer Kammer einen greisen einbeinigen Veteranen aus dem italienischen Feldzug tot aufgefunden und von Habseligkeiten nichts als einen Schürhaken und — — einen Sack voll weißer Hundeexkremente, da überfiel es mich wie ein Schrecken, wie ein böser Zwang, diesen Rätseln nachgehen zu müssen bis zum äußersten.

Schon wieder ein Invalide! Schon wieder der gewisse Sack!

Und wo sind die aufgestapelten Reichtümer des Toten hingekommen? He?

Er muß sie gering geachtet haben, fühlte ich, — "was liegt an ihnen, wenn mir nur der Sack bleibt," mußte er sich gesagt haben.

Mir fiel die Geschichte von dem Derwisch ein aus Tausendundeiner Nacht, der, in die Schatzkammer eingedrungen, alle Kleinodien achtlos liegen ließ und nur ein Büchschen nahm voll Salbe, die, aufs Auge gestrichen, alle Macht der Erde verhieß.

Ein ungeheurer Wert — der Schlüssel zu unerhörten Genüssen, begriff ich, muß in den fahlen Gegenständen verborgen sein, wenn gerade die Invaliden, diese launenhaften, verweichlichten Günstlinge des Volkes, aller Unbill des Wetters spottend, umherstreifen und nichts unversucht lassen, ihrer habhaft zu werden.

Stracks lief ich zur Polizei. Der Schürhaken war noch da. Von dem Sacke aber — keine Spur!! Und niemand wußte, wo er hingekommen! — — — Also doch! —

Irgend jemand mußte offenbar alles daran gesetzt haben, sich ihn anzueignen!! Mit unerhörter Kühnheit ihn der Polizei in letzter Minute aus dem Rachen gerissen haben! Und wozu dient weißer Hundedreck? fragte ich mich, "wozu dient er"?

Ich schlug im Konversationslexikon nach, unter H, unter E, unter W, unter D, — alles umsonst.

Meinen Invaliden auszuforschen, wäre lächerlich gewesen. Der am allerwenigsten hätte mir sein Geheimnis preisgegeben.

So schrieb ich an das Unterrichtsministerium.

Man gab mir keine Antwort!

Ich ging in den Vortrag eines berühmten Conférenciers, und als das Publikum Fragen auf Zettel schrieb, gab ich auch meinen ab. Doch als er in seine Hände kam, zerknüllte er ihn und verließ indigniert den Saal.

Auf dem Rathause konnte ich das zuständige Amtszimmer nicht finden, und beim Bürgermeister wurde ich nicht vorgelassen.

"Man klebt ihn an die Decke von Prunksälen, und dann heißt er: Stukkatur," höhnte ein Zyniker.

„Er ist das Pathos unter seinesgleichen, er ist Selbstzweck," meinte träumerisch der Dichter Peter Altenberg.

Ein vornehmer Gelehrter wiederum wurde eisig abweisend und sagte streng: „Solche Dinge nimmt man in anständiger Gesellschaft nicht in den Mund; übrigens sind sie die Vorboten ernsthafter Verdauungsstörungen, und sie dienen (bei diesem Worte blitzten seine Augen rügend) sie dienen zur Warnung, daß der begüterte Laie seine Lebensführung niemals ohne den Rat eines erfahrenen Arztes einrichten soll!" — — —

Ein Mann aus dem Volke hingegen sagte gar nichts, trug mir nur stumm eine Ohrfeige an! — — —

Ich schlug andere Wege ein, trat Leuten, die ein geheimnisvolles Äußere hatten, auf der Straße entgegen und stellte ihnen schroff die Frage. Hoffend, sie zu überrumpeln. Kurz, klar und ohne Umschweife.

Sie wichen bestürzt zurück und flohen mit allen Zeichen des Schreckens!

Da beschloß ich, einsam auf mich selbst beschränkt in die Tiefen dieses Geheimnisses zu tauchen und auf eigene Faust chemisch zu experimentieren, und ich ging selber auf die Suche nach jenen Stoffen.

Als wolle eine finstere Macht mich höhnen, blieb gerade da die Stelle unter meinem Holunderbaum tagelang leer, und — seltsam — auch das Wesen mit der Balggeschwulst schien verschwunden.

Ich kann ohne Grauen gar nicht daran zurückdenken.

Eine ganze Woche forschte ich an verlassenen Mauern entlang, kein Monument ließ ich unbesucht. Alles umsonst!

Und als mir endlich doch das Glück lächelte und ich die ersehnten Stoffe errungen und in einer Phiole geborgen hatte, da überfiel mich plötzlich eine quälende Angst: was, wenn ich gerade jetzt ohnmächtig würde, wenn mich gar der Schlag träfe!? Man würde die Stoffe bei mir finden, würde sagen: er hat eine schlechte Seele gehabt, er war pervers von Grund aus, das Schwein, — — — und das Glück meiner Familie wäre dahin für immer! Ja, und die Offiziere, mit denen mich unlösliche Bande heißer Sympathie verknüpfen, würden die Nase rümpfen und sagen: „Mür ham's eh g'wußt, er war ein Indivüduum!"

Und der evangelische Jünglingsverein würde die Hände falten und auf meinem Grab einen protestantischen Aufklärungsfandango tanzen.

Da warf ich die Phiole weit von mir.

Das Studium der Geschichte geheimer Gesellschaften war das nächste, in das ich mich stürzte. Es existiert wohl keine Brüderschaft mehr, in die ich nicht schon hineingetreten wäre, und gäbe ich alle die tiefsinnigen geheimen Erkennungszeichen und Notrufe, über die ich verfüge, hintereinander von mir, man würde mich zweifellos als des Veitstanzes verdächtig ins Irrenhaus schleifen.

Doch ich lasse nicht los!

Ich muß herausbekommen, wozu „er" dient.

Es gibt einen furchtbaren Orden, schreit jede Fiber in mir, eine stumme Vereinigung von Menschen, der Tür und Tor offen steht, die gefeit gegen die Pfeile des Zufalles die Welt am Gängelbande führt. Alle Macht auf Erden ist ihr gegeben, und sie nützt sie aus, ungestraft die schauderhaftesten Orgien zu feiern!

Was sind die Sterkatoristen des Mittelalters, die sich von je gebrüstet, unter den Alchimisten die einzigen Besitzer der wahren „Materie" zu sein, denn anderes als Bekenner dieser Sekte?

Der uralte vergessene Orden des „Mopses", welchen Zweck sonst kann er gehabt haben?

Und bis in unsere Tage reichen die Fangarme der „Brüder"!!

Wer ist ihr Oberhaupt? Wo der Mittelpunkt, um den sie sich scharen? —

Der finstere Ohlendorff, Hamburgs ungekrönter Guanokönig, muß ihr letzter Großmeister gewesen sein, ahne ich; doch wer ist es heute? —

O, über diese Invaliden!

Schätze auf Schätze werden sie häufen mit ihrem Schürhaken und dann — —, dann wehe uns.

Mit bangem Blick sehe ich in die Zukunft.

Die Tage verrinnen, und keiner bringt mir Antwort auf meine Frage: wozu, wozu dient „er" eigentlich?

Und zerdämmert die Nacht, und der Hahn kräht besorgt nach dem säumigen Tag, da liege ich noch schlaflos, derweilen draußen unter dem Holunderbusch das Phantom mit der Balggeschwulst vielleicht schon heimlich sein Wesen treibt. — — — — —
— — — — — — — — — — — — — —

Im Halbtraum sehe ich die Gestalten der Invaliden strotzend von Geschmeide in Scharen zum Blocksberg ziehen.

Und ich wälze mich gequält und ächze und seufze: Wozu, ja wozu dient eigentlich der weiße Hundedreck?!

Nachwort des Autors: Erklärende Zuschriften aus dem Publikum, „der geheimnisvolle Stoff diene zum gerben von Handschuhen" — verbiete ich mir aufs strengste.

Tschitrakarna, das vornehme Kamel

"Bitt' Sie, was ist das eigentlich: Bushido?" fragte der Panther und spielte Eichelaß aus.

"Bushido? hm," brummte der Löwe zerstreut, — "Bushido?" —

"Na ja, Bushido," — ärgerlich fuhr der Fuchs mit einem Trumpf dazwischen, — "was Bushido ist?"

Der Rabe nahm die Karten auf und mischte. "Bushido? Das ist der neueste hysterische ‚Holler'! Bushido, das ist so ein moderner ‚Pflanz', — eine besondere Art, sich fein zu benehmen, — japanischen Ursprungs. Wissen Sie, so was wie ein japanischer ‚Knigge'. Man grinst freundlich, wenn einem etwas Unangenehmes passiert. Zum Beispiel, wenn man mit einem östreichischen Offizier an einem Tische sitzen muß, grinst man. Man grinst, wenn man Bauchweh hat, man grinst, wenn der Tod kommt. Selbst wenn man beleidigt wird, grinst man. Dann sogar besonders liebenswürdig. — Man grinst überhaupt immerwährend."

"Ästhetentum, mhm, weiß schon, — Oskar Wilde — ja, ja," sagte der Löwe, setzte sich ängstlich auf seinen Schweif und schlug ein Kreuz, — "also weiter."

"Na ja, und der japanische Bushido wird jetzt sehr modern, seit sich die slawische Hochflut im Rinnstein verlaufen hat. Da ist z. B. Tschitrakarna — —"

"Wer ist Tschitrakarna?"

"Was, Sie haben noch nie von ihm gehört? Merkwürdig! Tschitrakarna, das vornehme Kamel, das mit niemandem verkehrt, ist doch eine so be=

kannte Figur! Sehen Sie, Tschitrakarna las eines Tages Oskar Wilde, und das hat ihm den Verkehr mit seiner Familie so verleidet, daß es von da an seine eigenen einsamen Wege ging. Eine Zeitlang hieß es, es wolle nach Westen, nach Österreich, — dort seien nun aber schon so unglaublich viele — —"

„Kscht, ruhig, — hören Sie denn nichts?" flüsterte der Panther — „Es raschelt jemand —"

Alle duckten sich nieder und lagen bewegungslos wie die Steine.

Immer näher hörte man das Rascheln kommen und das Prasseln von zerbrochenen Zweigen, und plötzlich fing der Schatten des Felsens, in dem die vier kauerten, an zu wogen, sich zu krümmen und wie ins Unendliche anzuschwellen — — —

Bekam dann einen Buckel, und schließlich wuchs ein langer Hals heraus mit einem hakenförmigen Klumpen daran.

Auf diesen Augenblick hatten der Löwe, der Panther und der Fuchs gelauert, um sich mit einem Satz auf den Felsen zu schnellen. Der Rabe flatterte auf wie ein Stück schwarzes Papier, auf das ein Windstoß trifft.

Der bucklige Schatten stammte von einem Kamel, das den Hügel von der anderen Seite erklommen hatte und jetzt beim Anblick der Raubtiere in namenlosem Todesschreck zusammenzuckend sein seidenes Taschentuch fallen ließ.

Aber nur eine Sekunde machte es Miene zur Flucht, dann erinnerte es sich: — Bushido!! blieb sofort steif stehen und grinste mit verzerrtem käseweißem Gesicht.

„Tschitrakarna ist mein Name," sagte es dann mit bebender Stimme und machte eine kurze englische Verbeugung, — „Harry S. Tschitrakarna! — — Pardon, wenn ich vielleicht gestört habe" — — dabei klappte es ein Buch laut auf und zu, um das angstvolle Klopfen seines Herzens zu übertönen.

Aha: Bushido! dachten die Raubtiere.

„Stören? Uns? Keineswegs. Ach, treten Sie doch

näher," sagte der Löwe verbindlich (Bushido), „und bleiben Sie, bitte, solange es Ihnen gefällt. — Übrigens wird keiner von uns Ihnen etwas tun, — Ehrenwort darauf, — mein Ehrenwort."

Jetzt hat der auch schon Bushido, natürlich jetzt auf einmal, dachte der Fuchs ärgerlich, grinste aber ebenfalls gewinnend.

Dann zog sich die ganze Gesellschaft hinter den Felsen zurück und überbot sich in heiteren und liebenswürdigen Redensarten.

Das Kamel machte wirklich einen überwältigend vornehmen Eindruck.

Es trug den Schnurrbart mit den Spitzen nach abwärts nach der neuesten mongolischen Barttracht „Es ist mißlungen" und ein Monokel — ohne Band natürlich — im linken Auge.

Staunend ruhten die Blicke der vier auf den scharfen Bügelfalten seiner Schienbeine und der sorgfältig zur Apponyikrawatte geschlungenen Kehlmähne.

Sakerment, Sakerment, dachte sich der Panther und verbarg verlegen seine Krallen, die schwarze, schmutzige Ränder hatten vom Kartenspiel. — —

———

Leute von guten Sitten und feinem Takt verstehen einander gar bald.

Nach ganz kurzer Zeit schon herrschte das denkbar innigste Einvernehmen, so daß man beschloß, für immer beisammen zu bleiben.

Von Furcht war bei dem vornehmen Kamel begreiflicherweise keine Rede mehr, und jeden Morgen studierte es „The Gentlemans Magazine" mit derselben Gelassenheit und Ruhe wie früher in den Tagen der Zurückgezogenheit.

Zuweilen wohl des Nachts — hie und da — fuhr es aus dem Schlafe mit einem Angstschrei auf, entschuldigte sich aber stets lächelnd mit dem Hinweis auf die nervösen Folgen eines bewegten Vorlebens.

———

Immer sind es einige wenige Auserwählte, die ihrer Umgebung und ihrer Zeit den Stempel aufdrücken.

Als ob ihre Triebe und ihr Fühlen wie Ströme geheimnisvoller lautloser Überredungskunst sich von Herz zu Herz ergössen, schießen heute Gedanken und Ansichten auf, die gestern noch mit kindlicher Angst das zagende, sündenreine Gemüt erfüllt hätten und die vielleicht schon morgen das Recht der Selbstverständlichkeit werden erworben haben.

So spiegelte sich schon nach wenigen Monaten der erlesene Geschmack des vornehmen Kamels überall wider.

Nirgends mehr sah man plebejische Hast.

Mit dem stetigen gelassenen, diskret schwingenden Schritte des Dandy promenierte der Löwe — weder rechts noch links blickend, und zum selben Zwecke wie weiland die vornehmen Römerinnen trank der Fuchs täglich Terpentin und hielt streng darauf, daß auch in seiner gesamten Familie ein gleiches geschah.

Stundenlang polierte der Panther seine Krallen mit Onglissa, bis sie rosenfarbig in der Sonne glänzten, und ungemein individuell wirkte es, wenn die Würfelnattern stolz betonten, sie seien gar nicht von Gott erschaffen worden, sondern, wie sich jetzt herausstelle, von Kolo Moser und der „Wiener Werkstätte" entworfen.

Kurz, überall sproßte Kultur auf und Stil, und bis in die konservativsten Kreise drang modernes Fühlen.

Ja, eines Tages machte die Nachricht die Runde, sogar das Nilpferd sei aus seinem Phlegma erwacht, frisiere sich rastlos die Haare in die Stirne (sogenannte Giselafransen) — und bilde sich ein, es sei der Schauspieler Sonnental.

———   ———   ———

Da kam der tropische Winter.

Krschsch, Krschsch, Prschsch, Prschsch, Krschsch, Prschsch.

So ungefähr regnet es zu dieser Jahreszeit in den Tropen. Nur viel länger.

Eigentlich immerwährend und ohne Unterlaß von Abend bis früh, von früh bis Abend.

Dabei steht die Sonne am Himmel mies und trübfarbig wie ein Lebkuchen.

Kurz, es ist zum wahnsinnig werden.

Natürlich wird man da gräßlich schlecht aufgelegt. Gar wenn man ein Raubtier ist.

Statt sich nun eben jetzt eines möglichst gewinnenden Benehmens zu befleißen — schon aus Vorsicht —, schlug ganz im Gegenteil das vornehme Kamel des öfteren einen ironisch überlegenen Ton an, besonders, wenn es sich um wichtige Modefragen, Schick und dergleichen handelte, was naturgemäß Verstimmung und mauvais sang erzeugen mußte.

So war eines Abends der Rabe in Frack und schwarzer Krawatte gekommen, was dem Kamel sofort Anlaß zu einem hochmütigen Ausfall bot.

„Schwarze Krawatte zum Frack darf man — man sei denn ein Sachse — bekanntermaßen nur bei einer einzigen Gelegenheit tragen" — hatte Tschitrakarna fallen lassen und dabei süffisant gegrinst.

Eine längere Pause entstand, — der Panther summte verlegen ein Liedchen, und niemand wollte zuerst das Schweigen brechen, bis sich der Rabe doch nicht enthalten konnte, mit gepreßter Stimme zu fragen, welche Gelegenheit das denn sei.

„Nur, wenn man sich begraben läßt," hatte die spöttische Erklärung gelautet, die ein herzliches, den Raben aber nur noch mehr verletzendes Gelächter auslöste.

Alle hastigen Einwendungen wie: Trauer, enger Freundeskreis, intime Veranstaltung usw. usw. machten die Sache natürlich nur noch schlimmer.

Aber nicht genug damit, ein anderes Mal — die Sache war längst vergessen — als der Rabe mit einer weißen Krawatte, jedoch im Smoking, erschienen war, brannte das Kamel in seiner Spottlust förmlich nur darauf, die verfängliche Bemerkung anzubringen:

„Smoking? Mit weißer Krawatte? Hm! wird doch nur während einer Beschäftigung getragen."

„Und die wäre?" war es dem Raben voreilig herausgefahren.

Tschitrakarna hüstelte impertinent: „Wenn Sie jemanden rasieren wollen." — — —

Das ging dem Raben durch und durch.

In diesem Augenblick schwor er dem vornehmen Kamel Rache bis in den Tod.

—————————

Schon nach wenigen Wochen fing infolge der Jahreszeit die Beute für die vier Fleischfresser an immer knapper und spärlicher zu werden, und kaum wußte man, woher auch nur das Allernötigste nehmen.

Tschitrakarna genierte das natürlich nicht im geringsten; stets bester Laune, gesättigt von prächtigen Disteln und Kräutern, lustwandelte es, wenn die andern mit aufgespannten Regenschirmen fröstelnd und hungrig vor dem Felsen saßen, in seinem raschelnden wasserdichten Macintosh — leise eine fröhliche Melodie pfeifend — in allernächster Nähe.

Man kann sich den steigenden Unwillen der vier leicht vorstellen.

Und das ging Tag für Tag so!

Mitansehen müssen, wie ein anderer schwelgt und selbst dabei verhungern!!!

„Nein, hol's der Teufel," hetzte eines Abends der Rabe (das vornehme Kamel war gerade in einer Premiere), „hauen wir doch dieses idiotische Gigerl in die Pfanne. Tschitrakarna!! Hat man denn was von dem Binsenfresser? — Bushido! — natürlich Bushido! — ausgerechnet jetzt im Winter; so ein Irrsinn. Und unseren Löwen — — bitte, sehen Sie doch nur, wie er von weitem aussieht jetzt, — wie ein Gespenst — — unseren Löwen, den sollen wir glatt verhungern lassen, hm? Das ist vielleicht auch Bushido, ja?"

Der Panther und der Fuchs geben dem Raben rückhaltlos recht. — — —

Aufmerksam hörte der Löwe die drei an, und das Wasser lief ihm zu beiden Seiten aus dem Maul, während sie ihm Vorstellungen machten.

„Töten? — Tſchitrakarna?" — ſagte er dann. „Nicht zu machen, gänzlich ausgeſchloſſen; Pardon, ich habe doch mein Ehrenwort gegeben," und erregt ging er auf und nieder.

Aber der Rabe ließ nicht locker: „Auch nicht, wenn es ſich von ſelbſt anbieten würde?"

„Das wäre natürlich was anderes," meinte der Löwe. „Wozu aber all dieſe dummen Luftſchlöſſer!"

Der Rabe warf dem Panther einen heimtückiſchen Blick des Einverſtändniſſes zu.

In dieſem Augenblick kam das vornehme Kamel nach Hauſe, hängte Opernglas und Stock an einen Aſt und wollte eben einige verbindliche Worte ſagen, da flatterte der Rabe vor und ſprach:

„Weshalb ſollen alle darben: — beſſer drei ſatt, als vier hungrig. Lange habe ich — — — —"

„Verzeihen Sie recht ſehr, ich muß aber hier allen Ernſtes — ſchon als Älterer — auf dem Rechte des Vortrittes beſtehen," damit ſchob ihn der Panther — nach einem kurzen Wortwechſel mit dem Fuchs — höflich aber beſtimmt zur Seite mit den Worten:

„Mich, meine Herrſchaften, zur Stillung des allgemeinen Hungers anzubieten, iſt mir nicht nur Buſhido, ja ſogar Herzenswunſch; ich äh — — ich äh — —"

„Lieber, lieber Freund, wo denken Sie hin," unterbrachen ihn alle, auch der Löwe (Panther ſind bekanntlich ungemein ſchwierig zu ſchlachten), „Sie glauben doch nicht im Ernſt, wir würden — — — Ha, ha, ha."

Verdammte Geſchichte, dachte ſich das vornehme Kamel, und eine böſe Ahnung ſtieg in ihm auf. Ekelhafte Situation; — — aber Buſhido, — übrigens — — ach was, einmal iſt's ja ſchon geglückt, alſo Buſhido!!

Mit läſſiger Gebärde ließ es das Monokel fallen und trat vor.

„Meine Herren, äh, ein alter Satz ſagt: Dulce et decorum est pro patria mori! Wenn ich mir alſo geſtatten darf — — —"

Es kam nicht zu Ende.

Ein Gewirr von Ausrufen ertönte: „Natürlich, Verehrtester, dürfen Sie," hörte man den Panther höhnen.

„Pro patria mori, juchhu, — dummes Luder, werde dir geben Smoking und weiße Krawatte," gellte der Rabe dazwischen.

Dann ein furchtbarer Schlag, das Brechen von Knochen, und Harry S. Tschitrakarna war nicht mehr.

* * *

Tja Bushido ist eben nicht für Kamele.

Die Urne von St. Gingolph

Von St. Gingolph eine halbe Wegstunde — hinter den Hügeln — liegt ein uralter Park, verwildert und einsam — auf keiner Karte vermerkt.

Vor Jahrhunderten schon mag das Schloß, das einst in seiner Mitte stand, zerfallen sein; Reste weißer Grundmauern — kaum bis zur Kniehöhe eines Mannes — ragen verloren aus dem wilden, tiefen Gras wie gebleichte gigantische Zahnstümpfe eines Ungeheuers der Vorzeit.

Alles hat achtlos die Erde verscharrt und der Wind vertragen, Namen und Wappen, Tor und Tür.

Und auf Türme und Giebel hat die Sonne gestarrt, bis alles langsam und unmerklich in Atome zerfiel, — um dann als toter Staub mit dem Dunste des Tales emporzuwandern.

So ruft die zehrende Sonne die Dinge dieser Erde.

Eine verwitterte steinerne Urne, tief im Schatten von Zypressen, hat sich der Park noch bewahrt aus der Zeit eines vergessenen Lebens; die dunklen Äste haben sie verborgen vor den Ungewittern.

Neben dieser Urne warf ich mich einst ins Gras, habe auf das verdrossene Treiben der Krähen da oben in den Wipfeln gehorcht — und gesehen, wie die Blumen ernst wurden, wenn über die Sonne die Wolken ihre Hände legten; — und als schlössen sich traurig tausend Augen um mich her, war mir dann, wenn das Licht des Himmels erlosch.

Lange lag ich so und rührte mich kaum.

Die drohenden Zypressen hielten finster Wache bei der Urne, die auf mich herniedersah mit ihrem ver=

witterten Steingesicht wie ein Wesen ohne Atem und Herz — grau und empfindungslos.

Und meine Gedanken glitten leise in ein versunkenes Reich hinab — voll Märchenlaut und dem heimlichen Klingen metallener Saiten; — ich dachte, geschmückte Kinder müßten kommen und auf den Zehenspitzen stehend mit kleinen Händen Kieselsteine und dürres Laub in die Urne werfen.

Dann grübelte ich lange nach, warum ein schwerer Deckel auf dieser Urne lag wie eine steinerne trotzige Hirnschale, und mir wurde so eigen seltsam bei dem Gedanken, daß der Luftraum in ihr und die armseligen paar vermoderten Dinge, die sie bergen mochte, vom Herzschlag des Lebens so zwecklos und geheimnisvoll wohl für immer geschieden seien.

Ich wollte mich bewegen und fühlte, wie meine Glieder fest im Schlafe lagen und wie die farbigen Bilder der Welt langsam verblaßten.

———   ———   ———

Und ich träumte, die Zypressen seien jung geworden, und unmerklich schwankten sie in leisem Windhauch.

Auf der Urne schimmerte das Licht der Sterne, und der Schatten eines nackten riesigen Kreuzes, das stumm und gespenstisch aus der Erde ragte, lag wie der Eingang in einen finstern Schacht auf dem weißen nächtlichen Glanz der Wiese.

Die Stunden schlichen, und hie und da für eine Spanne Zeit flossen leuchtende Kreise auf das Gras und über die glitzernden Dolden des wilden Fenchel, der dann zauberhaft erglühte gleich farbigem Metall, — — Funken, die der Mond durch die Stämme des Waldes warf, wie er über die Hügelkämme zog.

Der Park wartete auf etwas oder auf jemand, der kommen sollte, und als vom Wege — vom Schlosse her, das in tiefer Dunkelheit versunken lag, der Kies unter Schritten leise klirrte und die Luft das Rauschen eines Kleides herübertrug, schien es mir, als streckten sich die Bäume und wollten sich vorneigen, dem Ankömmling warnende Worte zuzuraunen.

Es waren die Schritte einer jungen Mutter gewesen, die aus dem Schlosse kam, sich vor dem Kreuze niederzuwerfen, und jetzt den Fuß des Holzes verzweifelt umschlang.

Es stand aber ein Mensch im Schatten des Kreuzes, den sie nicht sah und dessen Hiersein sie nicht ahnte. Er, der ihr schlummerndes Kind in der Dämmerung aus der Wiege gestohlen hatte und hier auf ihr Kommen wartete, Stunde um Stunde — ihr Gatte, von nagendem Argwohn und quälenden Träumen aus der Ferne heimgetrieben.

Er hielt sein Gesicht an das Holz des Kreuzes gepreßt und lauschte mit angehaltenem Atem den geflüsterten Worten ihres Gebetes.

Er kannte die Seele seines Weibes und die verborgenen Triebfedern der inneren Natur und hatte gewußt, sie würde kommen. Zu diesem Kreuz. So hatte er es auch im Traume gesehen. — Sie mußte kommen, ihr Kind hier zu suchen.

Wie das Eisen zum Magnetstein muß, wie der Instinkt die Hündin ihr verlorenes Junge finden läßt, so wird dieselbe dunkle rätselhafte Kraft — und wäre es im Schlafe — auch den Fuß einer Mutter lenken — — —.

Der Betenden zur Warnung rauschten die Blätter und Zweige, und der Tau der Nacht fiel auf ihre Hände. Sie aber hielt die Augen gesenkt, und ihre Sinne waren blind in Sorge und Gram um ihr verschwundenes Kind.

Darum fühlte sie nicht, daß das Kreuz nackt war und den nicht trug, zu dem sie rief, und der da gesagt hatte: gehe hin und sündige hinfort nicht mehr.

Der aber statt Seiner die Worte ihrer Pein hörte, wollte ihr ein Beichtiger ohne Erbarmen sein.

Und sie betete und betete, und immer deutlicher formte sich ihr Flehen zu dem Geständnis — — — Siehe, Herr, nicht an meine Schuld, und wie du vergabst jener Ehebrecherin . . . — — da stöhnten die alten Äste laut auf in Qual und Angst und griffen wild nach dem Horcher hinter dem Kreuze und faßten

seinen Mantel — — —, ein Windstoß raste durch
den Park.

Die letzten verräterischen Worte riß sein Sausen
fort, ein haßerfülltes Ohr aber täuscht auch der Sturm
nicht, und blitzartig reift zur Gewißheit, was als
Argwohn lange gekeimt.

———

Wieder Todesstille ringsumher.

Die Beterin am Kreuz war zusammengesunken, —
regungslos wie in tiefem Schlafe gefangen.

Da drehte sich leise, leise der steinerne Deckel,
und die Hände des Mannes leuchteten weiß aus der
Dunkelheit, wie sie langsam und geräuschlos gleich
großen furchtbaren Spinnen um den Rand der Urne
krochen.

Kein Laut im ganzen Park. — Lähmendes Ent=
setzen schlich durch die Finsternis.

Linie um Linie senkten sich und schwanden die
steinernen Schraubengänge.

Da traf durch das Dickicht ein winziger Mond=
strahl ein Ornament der Urne und schuf auf dem
geschliffenen Knauf ein glühendes, gräßliches Auge,
das mit glotzendem tückischem Blick weit aufgerissen
in das Gesicht des Mannes starrte.

———

Von Grauen und Furcht gehetzte Füße flohen durch
das Gehölz, und das Prasseln des Reisigs schreckte
die junge Mutter auf.

Das Geräusch wurde schwächer, verlor sich in der
Ferne und erstarb.

Sie aber achtete nicht darauf und lauschte in die
Dunkelheit mit stockendem Pulse einem unmerklichen,
kaum hörbaren Laut nach, der wie aus der Luft ent=
standen ihr Ohr getroffen hatte.

War das nicht ein leises Weinen gewesen? Ganz
dicht bei ihr?

Unbeweglich stand sie und horchte und horchte mit
verbissenen Lippen; ihr Ohr wurde scharf wie das
Ohr eines Tieres, — sie hemmte den Atem bis zum
Ersticken und hörte dennoch den Hauch aus ihrem

Munde wie das Rauschen des Sturmwindes; — das Herz dröhnte, und ihr Blut brauste in den Adern gleich tausend unterirdischen Quellen.

Sie hörte das Scharren der Larven in der Rinde der Bäume und die unmerkbaren Regungen der Halme.

Und die rätselhaften Stimmen der keimenden ungeborenen Gedanken des Innern, die das Schicksal des Menschen bestimmen, seinen Willen in unsichtbare Fesseln zu schlagen, und doch leiser, viel viel leiser sind als der Atem der wachsenden Pflanzen, schlugen fremdartig und dumpf an ihr Ohr.

Dazwischen ein Weinen, ein schmerzliches Weinen, das sie ganz umhüllte, das über ihr und unter ihr ertönte — in der Luft — in der Erde.

Ihr Kind weinte, — — irgendwo — da — dort — — ihre Finger krampften sich in Todesangst — — Gott würde es sie wieder finden lassen.

Ganz, ganz nahe bei ihr mußte es sein, — Gott wollte sie nur prüfen, — gewiß.

Jetzt klingt das Weinen näher — — und lauter; — der Wahnsinn schwingt seine schwarzen Fittiche, die den Himmel verfinstern werden — — ihr ganzes Gehirn ist ein einziger schmerzender Hörnerv.

Einen, nur einen Augenblick Erbarmen noch, o Gott, bis ihr Kind wiedergefunden ist. — Verzweifelt will sie suchend vorwärts stürmen, doch schon verschlingt das Geräusch des ersten Schrittes den feinen Laut, verwirrt das Ohr und bannt ihren Fuß an die alte Stelle.

Und hilflos muß sie stehen bleiben — regungslos wie ein Stein, um nicht jede Spur zu verlieren.

Wieder hört sie ihr Kind, — jetzt schreit es nach ihr, das bricht das Mondlicht durch den Park und fließt von den Wipfeln in schimmernden Strömen; — und die Zieraten der Urne leuchten wie nasses Perlmutter.

Die Schlagschatten der Zypressen deuten: Hier, hier ist dein Kind gefangen, den Stein zertrümmere. Schnell, schnell, eh' es erstickt; — doch die Mutter hört nicht und sieht nicht.

Ein Lichtschein hat sie betrogen, besinnungslos hat sie sich in das Dickicht gestürzt, reißt sich blutig an den Dornen und zerwühlt das Strauchwerk wie ein rasendes Tier.

―――――――――――

Grausig gellt ihr Schreien durch den Park.
Und weiße Gestalten kommen aus dem Schloß und schluchzen und halten ihre Hände und tragen sie mitleidig fort.
Der Wahnsinn hat seinen Mantel über sie gebreitet, und sie starb in derselben Nacht.
Ihr Kind ist erstickt, und niemand hat den kleinen Leichnam gefunden; — die Urne hat ihn gehütet — bis er in Staub zerfiel.
Die alten Bäume haben gekrankt seit jener Nacht und sind langsam verdorrt.
Nur die Zypressen halten Leichenwacht bis zum heutigen Tag.
Nie sprachen sie ein Wort mehr und sind vor Gram starr und regungslos geworden.
Das Holzkreuz aber haben sie stumm verflucht, bis der Nordsturm kam — der riß es aus und warf es aufs Gesicht.
Die Urne wollte er zerschmettern in seiner Wut, doch das hat Gott verboten; ein Stein ist immer gerecht, und dieser da war nicht härter gewesen als ein Menschenherz.

―――――――――――

Schwer lastet es auf meiner Brust und macht mich erwachen.
Ich sehe um mich, und der Raum unter dem Himmel ist erfüllt mit gebrochenem Licht.
Die Luft heiß und giftig.
Ängstlich scheinen die Berge zusammengerückt; — und schreckhaft deutlich jeder Baum. — Einzelne weiße Schaumstreifen jagen über das Wasser, von einer rätselhaften Kraft gehetzt; — der See ist schwarz; — wie der geöffnete Rachen eines tollen Riesenhundes liegt er unter mir.

Eine langgestreckte violette Wolke, wie ich sie noch niemals gesehen, schwebt in furchteinflößender Unbeweglichkeit hoch über dem Sturm und greift — ein gespenstischer Arm — über den Himmel.

Noch liegt wie ein Alb der Traum von der Urne auf mir, und ich fühle, das ist der Arm des Föhn — da oben — und seine ferne unsichtbare Hand tastet und sucht auf Erden nach jenem Herzen, das härter gewesen ist als Stein.

Dr. Lederer

„Haben Sie den Blitz gesehen? — Da muß etwas an der elektrischen Zentrale passiert sein. — — Gerade dort über den Häusern."

Einige Personen waren stehen geblieben und blickten in derselben Richtung. — — Eine schwere Wolkenschicht lag regungslos über der Stadt und bedeckte das Tal wie ein schwarzer Deckel: — der Dunst, der von den Dächern aufstieg und nicht wollte, daß die Sterne sich lustig machen über die törichten Menschen.

Wieder blitzte etwas auf — von der Anhöhe zum Himmel empor — und verschwand.

„Weiß Gott, was das sein kann; vorhin hat es doch links geblitzt, und jetzt wieder da drüben?! — — — Vielleicht sind's gar die Preußen," meinte einer.

„Wo sollen denn die herkommen, bitt' Sie?! Übrigens habe ich noch vor zehn Minuten die Herren Generale im Hotel de Saxe sitzen sehen."

„Na, wissen Sie, das wäre gerade kein Grund; — aber die Preußen — —?! das ist doch nicht einmal ein Witz, so etwas kann ja selbst bei uns nicht —"

Eine blendendhelle eiförmige Scheibe stand plötzlich am Himmel, — riesengroß — und die Menge starrte mit offenem Munde in die Höhe.

„Ein Kompaß, ein Kompaß," rief die dicke Frau Schmiedl und eilte auf ihren Balkon. —

„Erstens heißt es ‚Komet', und zweitens hätte er doch einen Schweif," wies die vornehme Tochter sie zurecht. — — — — —

Ein Schrei barst in der Stadt und lief durch die Straßen und Gäßchen, in die Haustore, durch dunkle

Gänge und über krumme Treppen bis in die ärmsten Stübchen. — — Alles riß die Vorhänge zur Seite und stieß die Scheiben auf, — die Fenster waren im Nu von Köpfen erfüllt: Ah!

Da oben am Himmel in dem nächtigen Dunst eine leuchtende Scheibe und mitten darin zeichnete sich die Silhouette eines Ungeheuers, — eines drachenartigen Geschöpfes ab.

So groß wie der Josefsplatz, pechschwarz und mit einem gräßlichen Maul. — Genau wie der Josefsplatz.

Ein Chamäleon, ein Chamäleon! — Scheußlich.

Ehe die Menge zur Besinnung kam, war das Phantom verschwunden und der Himmel so dunkel wie früher.

Die Menschen sahen stundenlang empor, bis sie Nasenbluten bekamen, — aber nichts zeigte sich mehr.

Als ob sich der Teufel einen Spaß gemacht hätte.

„Das apokalyptische Tier," meinten die Katholiken und schlugen ein Kreuz nach dem anderen.

„Nein, nein, ein Chamäleon," beruhigten die Protestanten. — —

Glóng, glóng, glóng: Ein Wagen der Rettungsgesellschaft stürmte in die Menge, die schreiend auseinanderstob, und hielt vor einem niedrigen Haustor.

„Ist wem was geschehen?" rief der Herr Stadtarzt und bahnte sich einen Weg durch das Menschenknäuel. Man schob soeben eine mit Tüchern bedeckte Tragbare aus dem Hause.

„Ach Gott, Herr Doktor, die gnädige Frau ist vor Schrecken niedergekommen," jammerte das Stubenmädchen, „und es kann höchstens acht Monate alt sein, — er wisse es ganz genau, sagt der gnädige Herr." —

„Die Frau Cinibulk hat sich ,versehen' an dem Ungeheuer," — lief es von Mund zu Mund.

Eine große Unruhe entstand.

„Machen Sie doch Platz, Himmel Herrgott; — ich muß nach Hause," hörte man vereinzelte Stimmen schreien.

„Laßt uns nach Hause gehen, nach unsern Frauen

sehen," — intonierten ein paar Gassenbuben und der Mob johlte. —

„Kusch, ihr Lausbuben," schimpfte der Herr Stadtarzt — und lief ebenfalls so schnell er konnte heim.

Wenn es nicht zu regnen angefangen hätte, wer weiß, wie lange die Leute noch auf der Straße geblieben wären. So leerten sich allmählich die Plätze und Gassen und nächtliche Ruhe legte sich auf die nassen Steine, die trüb im Laternenlicht glänzten. —

* * *

Mit dem Eheglück der Cinibulks war es seit jener Nacht vorbei.

Gerade in so einer Musterehe mußte das passieren! Wenn das Kind wenigstens gestorben wäre, — Achtmonatskinder sterben doch sonst gewöhnlich.

Der Gatte, der Stadtrat Tarquinius Cinibulk, schäumte vor Wut, — die Buben auf der Gasse liefen ihm nach und johlten; die mährische Amme hatte die Freisen bekommen, als sie das Kleine erblickte, und er mußte in die Zeitung handgroße Annoncen einrücken lassen, um eine blinde Amme aufzutreiben. —

Schon am nächsten Tage nach jenem schrecklichen Ereignis hatte er angestrengt zu tun, um alle die Agenten von Castans Panoptikum aus dem Hause zu scheuchen, die das Kind sehen und für die nächstjährige Weltausstellung gewinnen wollten.

Vielleicht war es einer dieser Leute gewesen, der ihm, um seine Vaterfreuden noch mehr zu dämpfen, die verhängnisvolle Idee, er sei von seiner Gattin hintergangen worden, eingegeben hatte, denn kurz darauf war er zum Herrn Polizeirat gelaufen, der nicht nur gerne Silberzeug zu Weihnachten annahm, sondern auch durch emsiges Verdächtigen mißliebiger Personen Karriere gemacht hatte.

Es vergingen richtig kaum acht Wochen, als bekannt wurde, daß der Stadtrat Cinibulk einen gewissen Dr. Max Lederer wegen Ehebruchs verklagt hatte. — Die Staatsanwaltschaft griff auf die Befürwortung des Polizeirates die Sache selbstverständlich auf, obwohl keine Ertappung in flagranti vorlag.

Die Gerichtsverhandlung verlief äußerst interessant. Die Anklage des Staatsanwaltes stützte sich auf die frappante Ähnlichkeit der kleinen Mißgeburt, die nackt und kreischend in einem rosa Korbe lag, mit dem Dr. Max Lederer.

„Sehen Sie sich, hoher Gerichtshof, nur einmal den Unterkiefer an und die krummen Beine, — von der niedrigen Stirne, — wenn man das überhaupt Stirne nennen darf, — ganz zu schweigen. Betrachten Sie die Glotzaugen, bitte, und den borniert viehischen Ausdruck des Kindes und vergleichen Sie all das mit den Zügen des Angeklagten," sagte der Staatsanwalt, — „wenn Sie dann noch an seiner Schuld zweifeln — — —!"

Es wird wohl keinen Menschen einfallen, hier eine gewisse Ähnlichkeit zu leugnen," fiel der Verteidiger ein, — „ich muß aber ausdrücklich betonen, daß diese Ähnlichkeit nicht dem Verhältnis von Vater zu Kind entspringt, sondern nur dem Umstand einer gemeinsamen Ähnlichkeit mit einem Chamäleon. — Wenn hier jemand die Schuld trägt, so ist es das Chamäleon und nicht der Angeklagte! — Säbelbeine, hoher Gerichtshof, Glotzaugen, hoher Gerichtshof, — sogar ein derartiger Unterkiefer — — —"

„Zur Sache, Herr Verteidiger!"

Der Advokat verbeugte sich. „Also kurz und gut, ich stelle den Antrag auf Einvernahme von Sachverständigen aus der Zoologie."

Der Gerichtshof hatte nach kurzer Beratung den Antrag mit dem Bemerken abgelehnt, daß er seit neuester Zeit prinzipiell nur noch Sachverständige aus dem Schreibfache zulasse, und schon hatte sich der Staatsanwalt wieder erhoben, um eine neue Rede zu beginnen, als der Verteidiger, der sich bis dahin eifrig mit seinem Klienten besprochen hatte, energisch vortrat, auf die Füße des Kindes wies und anhob:

„Hoher Gerichtshof! — Ich bemerke soeben, daß das Kind an den Fußsohlen sehr auffallende sogenannte Muttermale trägt. Hoher Gerichtshof, können das nicht vielleicht — Vatermale sein?! Forschen Sie

nach), ich bitte Sie mit aufgehobenen Händen; laſſen
Sie Herrn Cinibulk ſowohl als auch Dr. Lederer hier
Schuhe und Strümpfe ausziehen, — vielleicht können
wir das Rätſel, wer der Vater iſt, in einem Augen=
blick löſen."

Der Stadtrat Cinibulk wurde ſehr rot und er=
klärte, lieber ſeinerſeits von der Anklage zurückzu=
treten, als ſo etwas zu tun; und er beruhigte ſich
erſt, als man ihm erlaubte, ſich vorher draußen die
Füße waſchen zu dürfen. — —

Der Angeklagte Max Lederer zog zuerſt ſeine Strümpfe
aus.

Als ſeine Füße ſichtbar wurden, erhob ſich ein
brüllendes Gelächter im Auditorium: Er hatte näm=
lich Klauen, — jawohl, zweigeſpaltene Klauen wie
ein Chamäleon. —

„No Servus, das ſind doch überhaupt keine Füße,"
brummte der Staatsanwalt ärgerlich und ſchmiß ſeinen
Bleiſtift zu Boden.

Der Verteidiger machte ſogleich den Vorſitzenden
aufmerkſam, daß es denn doch wohl ausgeſchloſſen
ſei, daß ſo eine ſtattliche Dame wie Frau Cinibulk
jemals mit einem ſo häßlichen Menſchen hätte intim
verkehren können; — doch der Gerichtshof meinte,
während der fraglichen Delikte hätte der Angeklagte
doch nicht die Stiefel auszuziehen brauchen. — —

„Sagen Sie, Herr Doktor," wandte ſich leiſe der
Verteidiger während der noch immer herrſchenden Un=
ruhe an den Gerichtsarzt, mit dem er gut befreundet
war, — „ſagen Sie, können Sie nicht aus der Miß=
bildung der Füße des Angeklagten etwa auf geiſtige
Umnachtung ſchließen?" — — —

„Natürlich kann ich das, — ich kann alles, ich
war doch früher Regimentsarzt; — warten wir aber
noch ab, bis der Herr Stadtrat hereinkommt."

Aber Stadtrat Cinibulk der kam nicht und kam
nicht. —

Da könne man noch lange warten, hieß es; und
die Verhandlung hätte vertagt werden müſſen, wenn
nicht plötzlich aus dem Auditorium der Optiker Cervenka

hervorgetreten wäre und der Sache eine neue Wendung gegeben hätte:

„Ich kann es nicht mehr mit ansehen," sagte er, „daß ein Unschuldiger leidet, und unterziehe mich lieber freiwillig einer Disziplinarstrafe wegen nächtlicher Ruhestörung. Ich war es, der damals die Erscheinung am Himmel hervorgebracht hat. Mittels zweier Sonnenmikroskope oder Scheinwerfer, die eine neue wunderbare Erfindung von mir sind, habe ich damals zersetzte, also unsichtbare Lichtstrahlen gegen den Himmel geworfen. Wo sie sich trafen, wurden sie sichtbar und bildeten die helle Scheibe. — Das vermeintliche Chamäleon war ein kleines Diapositivbild des Herrn Dr. Lederer, das ich an die Wolken warf, da ich mein eigenes zu Hause vergessen hatte. Ich habe nämlich früher einmal den Dr. Lederer im Dampfbad der Kuriosität wegen photographisch aufgenommen. — Also, wenn sich die Frau Cinibulf, die damals hochschwanger war, an diesem Bilde ‚versehen' hat, ist es sehr begreiflich, daß das Kind dem Angeklagten ähnlich sieht."

Der Gerichtsdiener kam jetzt herein und meldete, daß tatsächlich an den Sohlen des Herrn Stadtrates muttermalartige Flecken anfingen sichtbar zu werden, doch müsse man immerhin weiter versuchen, ob sie sich nicht auch noch wegwaschen ließen.

Der Gerichtshof beschloß jedoch, das Resultat nicht erst abzuwarten, sondern sprach den Angeklagten wegen Mangel an Beweisen frei.

Das Präparat

Die beiden Freunde saßen an einem Eckfenster des Café Radetzky und steckten die Köpfe zusammen.

„Er ist fort, — heute nachmittags mit seinem Diener nach Berlin gefahren. — Das Haus ist vollkommen leer; — ich komme soeben von dort und habe mich genau überzeugt; — die beiden Perser waren die einzigen Bewohner."

„Also ist er doch auf das Telegramm hereingefallen?!"

Darüber war ich keinen Moment im Zweifel; wenn er den Namen Fabio Marini hört, ist er nicht zu halten."

„Wundert mich eigentlich, denn er hat doch Jahre mit ihm zusammengelebt, — bis zu seinem Tode, — was könnte er da noch Neues über ihn in Berlin erfahren?"

„Oho! Professor Marini soll ihm noch vieles geheim gehalten haben; — er hat es selbst einmal so gesprächsweise fallen lassen, — ungefähr vor einem halben Jahr, als unser guter Axel noch unter uns war."

„Ist denn tatsächlich etwas Wahres an dieser geheimnisvollen Präparationsmethode Fabio Marinis? — glaubst du wirklich so fest daran, Sinclair? —"

„Von ‚glauben' kann hier gar keine Rede sein. Mit diesen Augen habe ich in Florenz eine von Marini präparierte Kindesleiche gesehen. Ich sage dir, jeder hätte geschworen, daß das Kind bloß schlafe, — keine Spur von Starre, keine Runzeln, keine Falten — sogar die rosa Hautfarbe eines Lebendigen war vorhanden."

„Hm. — Du denkst, der Perser könne wirklich Axel ermordet und — — —"

„Das weiß ich nicht, Ottokar, aber es ist denn doch unser beider Gewissenspflicht, uns Sicherheit über Axels Schicksal zu verschaffen. — Was, wenn er damals durch irgendein Gift bloß in eine Art Totenstarre versetzt worden wäre! — Gott, wie habe ich auf dem anatomischen Institut den Ärzten zugeredet, — sie angefleht, noch Wiederbelebungsversuche zu machen. — — — Was wollen Sie denn eigentlich, hieß es, — der Mann ist tot, das ist klar, und ein Eingriff an der Leiche ohne Erlaubnis des Dr. Daraschekoh ist unzulässig. Und sie wiesen mir den Kontrakt vor, in dem ausdrücklich stand, daß Axel dem jeweiligen Inhaber dieses Scheines seinen Körper nach dem Tode verkaufe und dafür bereits am so und sovielten 500 fl. in Empfang genommen und quittiert habe."

„Nein, — es ist gräßlich, — und so etwas hat in unserem Jahrhundert noch Gesetzeskraft. — So oft ich daran denke, faßt mich eine namenlose Wut. — Der arme Axel! — Wenn er eine Ahnung gehabt hätte, daß dieser Perser, sein wütendster Feind, der Besitzer des Kontraktes sein könne! — Er war immer der Ansicht, das anatomische Institut selbst — —"

„Und konnte denn der Advokat gar nichts ausrichten? —"

„Alles umsonst. — Nicht einmal das Zeugnis des alten Milchweibes, daß Daraschekoh einmal in seinem Garten bei Sonnenaufgang den Namen Axels so lange verflucht habe, bis ihm im Paroxysmus der Schaum vor den Mund getreten sei, wurde beachtet. Ja, wenn Daraschekoh nicht europäischer medicinae doctor wäre! — Wozu aber noch reden, — willst du mitgehen oder nicht, Ottokar? Entschließe dich."

„Gewiß will ich — aber bedenke, wenn man uns erwischt — als Einbrecher! — Der Perser hat einen tadellosen Ruf als Gelehrter! Der bloße Hinweis auf unseren Verdacht ist doch, — weiß Gott, — kein plausibler Grund. — Nimm es mir nicht übel, aber

ist es wirklich ganz ausgeschlossen, daß du dich geirrt
hast, als du Axels Stimme vernahmst? — — Fahre
nicht auf, Sinclair, bitte, — sage mir noch einmal
genau, wie das damals geschah. — Warst du nicht
vielleicht schon vorher irgendwie aufgeregt?" —

„Aber gar keine Spur! — Eine halbe Stunde
früher war ich auf dem Hradschin und sah mir wieder
einmal die Wenzelskapelle und den Veitsdom an, diese
alten fremdartigen Bauten mit ihren Skulpturen wie
aus geronnenem Blut, die immer von neuem einen so
tiefen, unerhörten Eindruck auf unsere Seele machen,
— und den Hungerturm und die Alchemystengasse. —
Dann ging ich die Schloßstiege herab und bleibe un=
willkürlich stehen, da die kleine Türe, die durch die
Mauer zum Hause Daraschekohs führt, offen ist. —
Im selben Augenblick höre ich deutlich, — es mußte
aus dem Fenster herüber tönen — eine Stimme
[und ich schwöre einen heiligen Eid darauf: es war
Axels Stimme] — rufen:

Eins — — zwei — — drei — — vier. —

Ach Gott, wäre ich doch damals sofort in die
Wohnung eingedrungen; — aber ehe ich mich recht
besinnen konnte, hatte der türkische Diener Daraschekohs
die Mauerpforte zugeschlagen. — Ich sage dir, wir
müssen in das Haus! — Wir müssen! — Was, wenn
Axel wirklich noch lebte! — Schau, — man kann uns
ja gar nicht erwischen. — Wer geht denn nachts über
die alte Schloßstiege, bitte dich, — und ich kann jetzt
mit Sperrhacken umgehen, daß du staunen wirst."

Die beiden Freunde hatten sich bis zur Dunkelheit
in den Straßen umhergetrieben, ehe sie ihren Plan
ausführten. Dann warn sie über die Mauer ge=
klettert und standen endlich vor dem altertümlichen
Hause, das dem Perser gehörte.

Das Gebäude — einsam auf der Anhöhe des
Fürstenbergschen Parkes — lehnt wie ein toter
Wächter an der Seitenmauer der grasbewachsenen
Schloßstiege.

„Dieser Garten, diese alten Ulmen da unten haben etwas namenlos Grauenhaftes," flüsterte Ottokar Dohnal, „sieh nur, wie drohend sich der Hrabschin vom Himmel abhebt. — Und diese erleuchteten Nischenfenster dort in der Burg! — Wahrhaftig, es weht eine seltsame Luft hier auf der Kleinseite. — Als ob sich alles Leben tief in die Erde zurückgezogen hätte — aus Angst vor dem lauernden Tode. Hast du nicht auch das Gefühl, daß eines Tages dieses schattenhafte Bild plötzlich versinken könnte — wie eine Vision, — eine Fata morgana, — daß dieses schlafende zusammengekauerte Leben wie ein gespenstisches Tier zu etwas Neuem, Schreckhaften erwachen müßte! — Und sieh nur, da unten die weißen Kieswege — wie Adern." —

„Komm doch schon," drängte Sinclair, „mir schlottern die Knie vor Aufregung, — hier, — halte mir unterdessen den Situationsplan." — — —

Die Türe war bald geöffnet und die beiden tappten eine alte Treppe empor, auf die der dunkle Sternenhimmel durch die runden Fenster kaum einen Schein warf.

„Nicht anzünden, man könnte von unten — vom Gartenhaus — das Licht bemerken, hörst du, Ottokar! Geh dicht hinter mir. — — —

Achtung, hier ist eine Stufe ausgebrochen. — — — — Die Gangtür ist offen — — — hier, hier — links."

Sie standen plötzlich in einem Zimmer.

„So mach doch keinen solchen Lärm!"

„Ich kann nicht dafür: die Türe ist von selbst wieder zugefallen."

„Wir werden Licht machen müssen. Ich fürchte jeden Augenblick etwas umzuwerfen, es stehen soviel Stühle im Weg."

In diesem Moment blitzte ein blauer Funken an der Wand auf, und ein Geräusch wurde hörbar — wie ein seufzendes Einatmen.

Leises Knirschen schien aus dem Boden, aus allen
Fugen zu dringen.

Eine Sekunde wieder Totenstille. — Dann zählte
laut und langsam eine röchelnde Stimme:

Eins — — — zwei — — — drei — —

Ottokar Dohnal schrie auf, kratzte wie wahnsinnig
an seiner Streichholzschachtel, — seine Hände flogen
vor grauenhaftem Entsetzen. — Endlich Licht — Licht!
Die beiden Freunde blickten sich in die kalkweißen
Gesichter: „Axel!" —

— — viiier — fünf — ssechss — siiieben —
Dort aus der Nische kommt das Zählen.

„Die Kerze anzünden! rasch, rasch!"

acht — neun — zeeeehn — elf —

——————————————

Von der Decke der Wandvertiefung an einem Kupfer=
stab hing ein menschlicher Kopf mit blondem Haar. —
Der Stab drang mitten in die Scheitelwölbung. —
Der Hals unter dem Kinn mit einer seidenen Schärpe
umwickelt — — und darunter mit Luftröhren und
Bronchien die zwei rötlichen Lungenflügel. — Da=
zwischen bewegte sich rhythmisch das Herz, — mit
goldenen Drähten umwunden, die auf den Boden zu
einem kleinen elektrischen Apparate führten. — Die
Adern, straff gefüllt, leiteten Blut aus zwei dünnhalsigen
Flaschen empor.

Ottokar Dohnal hatte die Kerze auf einen kleinen
Leuchter gestellt und klammerte sich an seines Freundes
Arm, um nicht umzufallen.

Das war Axels Kopf, die Lippen rot, mit blühen=
der Gesichtsfarbe, wie lebend. — die Augen, weit
aufgerissen, starrten mit einem gräßlichen Ausdruck
auf einen Brennspiegel an der gegenüberliegenden
Wand, die mit turkmenischen und kirgisischen Waffen
und Tüchern bedeckt schien. — Überall die bizarren
Muster orientalischer Gewebe. —

Das Zimmer war voll präparierter Tiere — Schlan=
gen und Affen in seltsamen Verrenkungen lagen unter
umhergestreuten Büchern. —

In einer gläsernen Wanne auf einem Seitentische

schwamm ein menschlicher Bauch in einer bläulichen Flüssigkeit.

Die Gipsbüste Fabio Marinis blickte von einem Postamente ernst auf das Zimmer herab. —

Die Freunde konnten kein Wort hervorbringen; hypnotisiert starrten sie auf das Herz dieser furchtbaren menschlichen Uhr, das wie lebendig zitterte und schlug.

„Um Gotteswillen — fort von hier — ich werde ohnmächtig. — Verflucht sei dieses persische Ungeheuer."

Sie wollten zur Türe. —

Da! — wieder dieses unheimliche Knirschen, das aus dem Munde des Präparates zu kommen schien. —

Zwei blaue Funken zuckten auf und wurden von dem Brennspiegel gerade auf die Pupillen des Toten reflektiert.

Seine Lippen öffneten sich, — schwerfällig streckte sich die Zunge vor, — bog sich hinter die Vorderzähne, — und die Stimme röchelte:

Ein Vier — rrr — tel.

Dann schloß sich der Mund und das Gesicht stierte wieder geradeaus. —

„Gräßlich!! — Das Gehirn funktioniert — lebt. — — — — — Fort — fort — ins Freie — hinaus! — die Kerze, — nimm die Kerze, Sinclair!"

„So öffne doch, um Himmels willen — warum öffnest du nicht?"

„Ich kann nicht, da — da, schau!"

Die innere Türklinke war eine menschliche Hand, mit Ringen geschmückt. — Die Hand des Toten; die weißen Finger krallten ins Leere. —

„Hier, hier, nimm das Tuch! was fürchtest du dich — — es ist doch unseres Axels Hand!"

Sie standen wieder auf dem Gang und sahen, wie die Türe langsam ins Schloß fiel.

Eine schwarze gläserne Tafel hing daran:

| Dr. Mohammed Darasche-Koh |
| Anatom. |

Die Kerze flackerte im Luftzug, der über die ziegelsteinerne Treppe emporwehte.

Da taumelte Ottokar an die Wand und sank stöhnend in die Knie: „Hier! das da — —" er wies auf den Glockenzug.

Sinclair leuchtete näher hin.

Mit einem Schrei sprang er zurück und ließ die Kerze fallen. — —

Der blecherne Leuchter klirrte von Stein zu Stein. —
— — — — — — — — — — — — — — — —

Wie wahnsinnig, — die Haare gesträubt, — mit pfeifendem Atem rasten sie in der Finsternis die Stufen hinab.

„Persischer Satan. — Persischer Satan."

Das Buch Hiopp
oder
wie
das Buch Hiob
ausgefallen wäre, wenn es Pastor Frenssen und nicht
Luther übersetzt hätte.

I
Heute nu, meine Seele du, mußt be ma ůwasetzen.

II
Wohlstand des frommen Hiopp
Nu paßt ma auf, ihr.

Lebte da ma 'n Mann recht schlecht, der hieß Hiopp und wohnte im Lande Uz — — — — (N' komischen Name, nôch?)

Und der mied allens Böse wie ein ächten Pastohr.

War doch Hirte oder Pastohr. Is ja dasselbe.

Und zeugte sieben Söhne und drei Töchter.

Der älteste von den sieben das war ein Bangbůx, der zweite aber bej war buckerich und ein wetterwendschen Bengel und der dritte, achott, der Muttersohn — — — Awa das gehört jetzt allens nich hieher.

Wollen ma später tůhnen von, — nôch?

Also Hiopp zeugte sieben Söhne und drei Töchter und sein Beßtreben war, nu ma eben noch sieben Töchter und drei Söhne zu zeugen. — — War ein tüchtigen Pastohr eben.

Hätte zusammen zwanzig ergeben, aber Jehova wollte es nich haben.

Denn hatte hej außerdem noch sumpfzichtausend

Kamele, die hätten nu bei Hagenbeck sicher sonn Sstück zehn Millionen Reichsmaak gekostet.

Er war ein auserwählten Knecht Gottes und hatte n' Mal op n' Bnuk, das war groß und rot wie ein Reichsdahler, und denn hatte er seine Frau, ne ungeheuer runde Frau, allens war rund an ihr.

Eines Tages nu, der Tach war helle und ßteil, ßtückte er man eben gerade früh und schob seine Taſſe hart torüch, da hieß es mit eins, Quittjes aus Chaldäa sind gekommen und haben drei Rotten gemacht und die Kamele wechgetrieben.

Quatsch, tühn man nich, saachte Hiopp da und wollte es nich glauben.

Denn awa kam seine Frau und beßteetichte es.

Gotte doch, Hiopp, hatte sie gesaacht und an ihren Tränen gewischt.

Hiopp aber hatte nischt gesaacht.

Nur so vor sich hin gewunderwerkt hatte er. Und sein schweren Kopf zur Seite geleecht hatte er.

Ja, das hatte er.

Er truch es eben ßtattlich wie Königskleid!

Das allens war nu so gekomm': Im Text heißt es, Sahtahn hätte von Gott die Erlaubnis gefriecht, Hioppen heimzusuchen und wäre denn auch mit eins mit einem Arm wie der Wind in fünf Schornßteine gefahren.

Is natürlich allens Quatsch. Sahtahn gibt's doch gar keinen, und für Hiopp war es eben nich möchlich gewesen, sich zu damaligen Zeit gegen Einbruch zu vasichern.

Sind eben noch die dollen Zeiten gewesen, wo's norddeutschen Drill noch nich gab.

Und denn neigen nu überhaupt die Südländer in einsenfort gerne zu die phantastische Annahme von Sahtahn. Wenn sonn Südländer nu man eben bloß zur Welt kommt, is er all halbwegens knülle.

Kam da nu wieder mit eins sonn dolles Malöhr.

Schluch das Haus, als alle seine Söhne in waren, längelang hin und begrub se alle.

Hiopp war nämlich arch unkluch gewesen und seine

Häuser waren alle an die Ecke von der Wüste gebaut gewesen und denn war ne arch dolle Bóö gewesen und hatte allens umgeprustet.

Bei uns in die Freien= und Hanfe=Stæbte Hamburch und Lübeck wäre so was man nich möchlich gewesen, da sorcht die Baubehörde gegen.

Nur n' Fahl war übrich nu. — Ein einzigen staatlichen Fahl.

Haben auch sonn Fahl die reichen Rheeders Gebrüder Deependorf im Kneesebeekschen Garten in Winterhude bei Hamburch — Nóch? Ssteht heute noch!

Als es sich nu begeben hatte, daß Hiopp von dem Boten diese Hiobsbotschaft gehört hatte, riß er an seinen Augen und saachte:

Dittmal lüggt hej, Gott sei Dank, dittmal lüggt hej.

Und spuckte leise und trocken.

Der Hiobsbote awa hatte nich gelogen!

Das ging nu Hiopp übern Sspaaß und hej schlenkerte mit die weiten Beinkleider und booch die großen Zehen nach unten, daß der liebe Gott angst und bange wurde.

Kiek nu ma*), hatte Sahtahn gesaacht, — hett Beene wie Uhlanenlanzen, Gitt i Gitt! — Wer hat dies hochsstrebende Wesen?

Hol dien Muul, Düwel, hatte Jehova da gesaacht, kann auch von komm', daß hej von königlichen Geblüte is.

Hiopp awa war arch sstöckrich und raufte seine Haare.

Und zu seine Frau saachte er: is doll, nu könnwa von vorne beginn'.

III

Hiopp von Sahtahn weiter verklaacht, denn von seine Gattin gekränkt und denn von drei Freunden besucht. — Na!

Als nu Sahtahn sah, daß allens nich half, ballerte

---

*) Kiek nu ma ist reines Deutsch, nicht etwa japanisch. Es klingt nur ähnlich wie das japanische Ko=Ko=ro. Ko=Ko=ro: — — Kiek=nu=ma.

er immer los auf Hiopp los, — immerlos und saachte zu sich: bej sull dat verßpeelen!

Er meinte damit die guten Schangsen, die Hiopp als Knecht bei Gott hatte.

Und Hiopp bekam da mit eins ne Schweinsbeule an der Fußsohle von. — — 's war arch doll.

So unkluch waren damals die Leute, daß se nich wußten, daß ne Schweinsbeule doch von sowas nich kommen könne.

Sahtahn gibt's nich, und benn hätte der liebe Gott es auch nich erlaubt.

Es war man ne ganz einfache Bazillengeschichte.

Und nu nahm noch der Unglücksmensch ne Scherbe — so heißt es im Urtext — und schabte sich mit. — Doll! — Nöch?

Und setzte sich denn in Asche und sah den Kippelgang hinunter, der nach die Bake führte.

Mit ein büschen Borwassline oder ne saure Flaume auf, wie se se in Ihehoe verkaufen, wär' es man n leichtes gewesen gegen die Schweinsbeule.

So awa war's Ende von wech und kam da mit eins Schweinsbeule auf Schweinsbeule.

Wenn er wenichstens da nu was getan hätte gegen. — Oder n' Arzt zugezogen.

Als die Schweinsbeulen all bis auf den Scheitel kamen, war er ganz bedeckt mit.

Seine Gattin aber saachte, er hat eine Hornhaut und fühlt sich nicht menschlich an.

Und benn saachte sie: Na, na, laß man, kannst es gerne wissen, und daß sein wüstes Jugendleben doch wohl schuld an sein müsse, und: is ja nich zu leugnen, saachte sie.

Und benn saachte se noch: Minsch, ßtell dich man nich an, um allens in die Welt, ßtell dich nich an!

Da saß nu Hiopp mit sein blasses Kleistergesicht, und seine Augen waren wie von schmutzigem Glaß.

Wie nu die dolle Geschichte von Hiopps Ausschlachch im Lande Uz ruchbar wurde, kamen mit eins seine Freunde an und hatten dat Muul voll Snack.

Eliphas von Theman, Bildab von Suah. Und

Zophar von Naema, der dicke Butt; — wer kennt
ihn? Er war von ßtraffe Fülle.

Gab ein arch Quäsen da.

Erst hatten sie ein schwächlich Feuerlein gelegt und
denn hatten sie um die Flamme geßprungen und denn
ging eine leise Verschiebung in ihnen vor und sie
setzten sich zu Hiopp auch in Asche sieben Tage und
sieben Nächte.

War auch wieder n gar zweckloß Beginnen und
hätte leicht zu ne allgemeine Anßteckung führen können.

───────────

IV

Hiopps Klagen

Was nu kommt, is man bloß n' schrecklich Gejaule.

Hiopp brummelte vor sich hin, daß er man bloß
noch n' Haus ohne Scherwände sei und habe; ge=
wissermaßen.

Es sei viel besser gewesen, saachte er, man hätte
ihn gar nich geboren!

Sonn Quatsch!

Er konnte eben nich einsehen, daß allens das ganz
natürliche Dinge seien, die selbst heutzutache bei unsere
ßtramme und vorgeschrittene Kultur noch vorkommen
können.

Na, und das mit de Schweinsbeulen? — Achott
wer scheuert sich nu man bloß auch mit ne olle mud=
dige Scherbel!?

Ein fixen plattdütschen Jung von die Woterkant
hätte sich eben gesaacht: secker is secker und wat sien
möt, möt sien und hätte denn gleich anfangs herz=
haft in ne Balje mit Seifenwasser geßprungen.
Nöch?

Awa, saach es ja, Hiopp war zu unkluch und
zeichte nich die Sspur von die Gabe des Regierens.

Die Südländer sind n' gutes, awa n' schlappes
Volk.

Und sind faul. — — — — —

───────────

V

Eliphas, Bildad und Zophars Reden und Hiopps Gegenreden

Na, die drei Onkels hatten grade noch gefehlt.

Wird da nu getühnt und gequäst immer los Taach und Nacht.

Immerlos fraachten se sich, ob es Gott so gewollt habe oder nich so gewollt habe.

Und der eine war schwach und der andere hatte n' Grützgesicht. — Für gewöhnlich so scheu, wie n Junghase, aber plötzlich, ehe man sich's versieht, wird er groß und wild und schlägt hinten und vorn aus und ist ein Protz und hat das ganze Paradies zu vergeben.

Saachte's doch: Döösköppe!

Schade nur, daß nich Pastor Rohde aus Eimsbüttel mit bei war. — Hätte ne heiße Predicht gegeben da.

Saage nu man ein einzigen Mensch, um allens in die Welt, was hat der liebe Gott mit Hiopps Krankheit zu schaffen!

Bildad aus Suah, das lange Rekel, na, bei dem war nu's Ende von wech.

Fuhr ßteil auf zuweilen und fukte mit ßpiegelnden Augen nach Eliphas von Theman oder plinkte nach dem ßtattlichen Zophar und ßprach denn um so lauter und fiel denn wieder in ein tiefen Flüsterton, so wie ein Junge von oben herab in ein tiefen Sstrohhaufen fällt.

Und Hiopp krümmte sich, als hett hej Liewweh hatt, und saß immerlos da, mit n' Stert in die olle Asche, die Hände in die Büxen vergraben und booch die großen Zehen nach unten.

Ach was, saachte er denn, ach was!

Und denn dachte er innerlich: wenn sie nu man bloß eben nich immertau quäsen wollten.

Und denn dachte er noch von Bildad von Suah:

Du? Da kannst mich in Mondschein begegnen. —

Ja, ja, es war in ihm ein unruhich Verwundern und Verbittern gekommen. — —

VI
Elihus Rede

Als se nu keiner mehr was zu sagen hatten, da stand mit eins Elihu auf, ein jungen Schlaaks, und der war bannich stolz auf, der Sohn Baracheels von Bus aus dem Geschlechte Rams zu sein.

So stolz, als ob er mit Makler Klempkes von die alte Fuhlentwiete verwandt sei oder ne geborene Söötbier zur Mutter hätte.

Ja, is n gar hochfahrend Volk, die Rams.

Dabei war Elihu sonne Art Nestküken unter den Weisen.

Und hatte ein lappich gedunsen Grützgesicht und ne Puffschnute. — — Tja, das haben se alle die Baracheels.

Awa schwiech nich. — Gotte doch!

Hiopp saachte er, Minsch! Junge! loot dat sien und schweich still. Ich maach den Quatsch nich mehr hören. Jehova tut man doch, was er will. Du saachst immerlos, du büß nich schuld an, awa ich sage dich, jeder is schuld an. Thun morgen mehr und allens das is nich wahr, das prahlst du alles.

Du hattest sieben lütte Butjes to Huus und drei Deerns. Du erinnerst! Soite Deerns. Und nu? Alle sind se wech. — — Ja, ja, is ja arch doll, awa was kannste machen gegen?"

Und denn wies er auf n' Gewitter hin, das in Lee aufzog und auf den Donner und Blitz, der bannich knatterte.

Das is allens Jehovas persönliche Sstimme, saachte er denn, und machte se alle bange.

Und denn biß sich Hiopp auf die Lippe und schwiech verbaast.

War ja nu für die damaligen Zeiten und für ein Südländer ein recht firen Jung, dieser Elihu, awa in Naturgeschichte nich auf n' Damm und arch in Awaglauben versunken, gewissermaßen.

Was der Donner is, lernen in Hamburch die lütten Gören in die Domschule beim Glockengießerwall und sonn langen Schlaaks dachte, es sei die Sstimme Gottes! — Doll! Nöch?

War üwahaupt n Fatalist, dieser Elihu.

VII
Die Wunder der Tierwelt

Kief ma: den Behemoth! Ißt Graß wie n' Ochse und is bannich ßtaark in den Lenden und liecht im Schatten, wenn Sonne scheint.

So ßteht es wörtlich im Urtext und is auch richtig so, denn der Behemoth is ein Nilferd.

Was awa denn außer dem über ßteht, is wieder ma ne komische südländische Uwatreibung.

Wie wir's neulich wieder ma gelesen haben, als wir bei Pastohr Stühlken zu Vesperbrot waren, achott, was haaben wir gelacht!

„Die Sehnen seiner Schenkel sind dicht geflochten.
Siehe er schluckt in sich den Strom,
und achtet's nicht groß.
Läßt sich dünken,
Er wolle den Jordan mit seinem Munde ausschöpfen."
heißt es in der ersten deutschen Übersetzung.

Und denn is noch ne dolle Beschreibung da vom Leviahthahn.

Der Leviahthahn is natürlich n' Krohfohdill.

Da ßtellen se die Frage, ob man den Leviahtahn mit ne Angel fangen kann!

Ein Krohfohdill mit ne Angel!

Achott, was haaben wir gelacht!

Und denn ßteht noch in die Übersetzung:

„Sein Herz ist so hart wie Stein.
Und so fest
Wie ein unterer Mühlstein!
Aus seinem Munde gehen Flammen.
Auf seinem Halse wohnet die Stärke.
Und vor ihm her hüpfet die Angst."

Na, ja, is ja korrekt, awa so gar nich ein büschen Poesie in. — Nöch? — Schade um! — Wie konnte doch nu sonne Uwasetzung die große Auflage erleben!?

Und denn hat ein Krohfohdill gar nich sonn festes Herz.

Scheint unter den Juden sonne Art Schreckpopanz gewesen zu sein für Gören.

So ähnlich wie Lebertran!

Lewerthran = Leviahtahn! — Klingt bannich ähnlich. — Nöch? Wollen ma eben an die „deutsche Bibelforschung" berichten über.

———————

VIII
Hiopp mehr gesegnet denn zuvor

Ach Pappe, dachte's doch gleich, die Sache mit den Schweinsbeulen war bei Hiopp gar nich so schlimm gewesen.

Hörten nu mit eins auf und da heißt es denn, Jehova habe mit Hioppen geßprochen und gesaacht, daß er nu man eben bloß endlich auf zu quäsen hören solle.

Und denn hatte Hiopp die Kehle verengt und ßtille geschwiegen.

Is natürlich nu wieder bannich doll, der liebe Gott wird doch nich wegen ne Schweinsbeule mit ein Menschen persönlich ßprechen.

Und denn hören Schweinsbeulen all von selbst auf. Is ne ganz periodische Krankheit, hat unser Hausarzt erst neulich wieder gesaacht, nur soll se immer wieda komm. — — Saachte er.

Mit eins war nu Hiopp wieder auf n' Damm und bekam von seinen Verwandten zweimal fumpfzichtausend Kamele.

Und denn hatte er mit eins wieder sieben Söhne und drei Töchter.

Seine Gattin hatte da nämlich inzwischen gesorcht für.

Die Deerns hießen Jemima, Kezia und Keren-Happuch.

Keren-Happuch is ja nu ma wieder ein ganz aufbringlichen Namen, heiratete ßpäter aber doch ein reichen Makler.

Hatte ein schön weichen wiegenden Gang; — Keren-Happuch!

Und Hiopp soll denn noch hundertfumpfzich Jahre gelebt haben.

Na! — Wird wohl ein andern Hiopp gewesen sein.

Coagulum

Hamilkar Baldrian, der einsame alte Sonderling, saß vor seinem Fenster und blickte durch die Scheiben in die herbstliche Dämmerung.

Am Himmel standen dunkelgeballt graublaue Wolken, die langsam ihre Umrisse veränderten, wie das Schattenspiel einer Riesenhand, die sich irgendwo in unsichtbarer Ferne träg bewegte.

Über dem frostigen Dunst der Erde ein blindes trauriges Abendrot.

Dann sanken die Wolken, lagerten schwer im Westen und durch den Nebel spähten die Sterne mit glitzernden Augen.

Grübelnd erhob sich Baldrian und schritt auf und ab. Eine schwere Sache das — mit der Geisterbeschwörung! Aber hatte er nicht alles streng befolgt, was das große Grimoire des Honorius vorschrieb?! — Gefastet, gewacht, sich gesalbt und täglich das Seufzerlein der hl. Veronika hergesagt?

Nein, nein, — es muß gelingen, der Mensch ist auf Erden das Höchste und die Kraft der Hölle ihm untertan. —

Er ging wieder zum Fenster und wartete lange, lange, bis die Hörner des Mondes, gelb und trüb, sich über die erstarrten Äste der Ulmen schoben.

Dann zündete er vor Aufregung zitternd seinen alten Leuchter an und holte allerhand seltsame Dinge aus Schrank und Truhe: Zauberkreise, grünes Wachs, einen Stock mit Krone, trockene Kräuter. Knüpfte alles in ein Bündel, stellte es sorgfältig auf den Tisch und begann, ein Gebet murmelnd, sich langsam auszuziehen, bis er ganz nackt war.

Der flackernde Leuchter warf hämische Reflexe auf den verfallenen Greisenkörper mit der welken, gelblichen Haut, die ölig glänzend sich über den spitzen Knieen, Lenden- und Schulterknochen spannte. Der kahle Schädel nickte über der eingesunkenen Brust und sein kugelförmiger, grausiger Schatten fuhr an der kalkweißen Wand unschlüssig umher, als ob er etwas suchen wolle in qualvoller Ungewißheit.

Fröstelnd ging der Alte zum Ofen, hob einen glasierten tönernen Topf herab und löste die raschelnde Hülle, die ihn verschloß; — eine fettige, übelriechende Masse war darin. Heute gerade vor einem Jahr hatte er sie zusammengeschmolzen: — Mandragorawurzel, Bilsenkraut, Wachs und Spermazeti und — und —, er schüttelte sich vor Ekel, — eine zu Brei verkochte Kinderleiche; — die Totenfrau hatte sie ihm verkauft.

Zögernd grub er seine Finger in das Fett, schmierte es sich auf den Leib, verrieb es in die Kniekehlen und Achselhöhlen, dann wischte er seine Hände auf der Brust ab und zog ein altes vergilbtes Hemd an: das „Erbhemd", das man zum Zaubern braucht, — und seine Kleider darüber. — Die Stunde war da!

Ein Stoßgebet. Und das Bündel mit den Geräten her. Nur nichts vergessen, sonst hat der Böse die Macht, den Schatz noch im letzten Augenblick zu verwandeln, wenn Tageslicht darauf fällt. — — Oh, solche Fälle sind schon dagewesen!

Halt, die Kupferplatte, Kohlenbecken — und Zunder zum Anglimmen!

Mit unsichern Schritten tappt Baldrian die Treppe hinab.

Das Haus war in früheren Zeiten ein Kloster gewesen, jetzt wohnte er ganz allein darin, und das Waschweib aus der Nachbarschaft brachte ihm tagüber, was er brauchte.

Kreischen und Dröhnen einer schweren eisernen Türe, und ein verfallener Raum öffnete sich. —

Kellergeruch und dicke Spinnweben überall, Schutt in den Ecken und Scherben schimmeliger Blumentöpfe.

Ein paar Hände voll Erde in die Mitte des Raumes getragen — — — — — so! (denn die Füße des Exorzisten müssen auf Erde stehen) — eine alte Kiste zum Sitzen, den Pergamentkreis ausgebreitet. Mit dem Namen Tetragrammaton nach Norden; sonst kann das größte Unglück geschehen. Jetzt den Zunder und die Kohlen angezündet!

———————————————

Was war das?

Das Pfeifen von Ratten — nichts sonst.

Kräuter auf die Glut: Ginster, Nachtschatten, Stechapfel. — Wie das prasselt und qualmt.

Der Alte löscht die Laterne aus, beugt sich über die Pfanne und atmet den giftigen Rauch ein; er kann sich kaum aufrecht halten, so betäubt es ihn.

Und das schreckliche Sausen in den Ohren!

Mit dem schwarzen Stock berührt er die Wachshäufchen, die auf der Kupferplatte langsam zerschmelzen, und murmelt mit letzter Kraft und stockender Stimme die Beschwörungsformeln des Grimoires:

"— — — rechte Himmelsbrot und Speise der Engel — — — — Schrecken der Teufel bist — — — — ob ich gleich voll sündigen Unflats — — — — diese reißenden Wölfe und stinkenden Höllenböcke zu bezwingen gewürdigt werde — — — — Harnisch — — — — zaudert ihr länger vergebens — — — — — Aimaymon Astaroth — — — — — diesen Schatz nicht mehr länger zu verwehren — — — — Astaroth — — beschwöre — — — — Eheye Eschereheye."

Er muß sich niedersetzen, Todesangst befällt ihn; — die drosselnde unbestimmte Furcht bringt durch den Boden und die Mauerritzen, senkt sich von der Decke herab: das grauenhafte Entsetzen, das das Nahesein der haßerfüllten Bewohner der Finsternis verkündet!

Es pfeifen die Ratten. Nein, nein — — nicht Ratten — — ein gellendes Pfeifen, das den Kopf zersprengt.

Das Sausen!

Es ist das Blut in den Adern. Das Sausen — — — — von Flügeln. Die Kohlen verglimmen.

Da, da: — — Schatten an der Wand. Der Alte stiert mit gläsernen Augen hin. — — — Moderflecke sind es und abgeschuppter Bewurf.

— — — — Sie bewegen sich, sie bewegen sich — — — —: ein Knochenschädel mit Zähnen — — Hörnern! — — und leere, schwarze Augenhöhlen. Skelettarme schieben sich langsam geräuschlos nach, ein Ungeheuer wächst aus der Wand — in hockender Stellung, und erfüllt das Gewölbe. Das Gerippe einer riesigen Kröte mit dem Schädel eines Stieres.

Die gebleichten Knochen heben sich fast grell aus der Dunkelheit ab. — — — Der höllische Astaroth!

Der Alte hat sich aus dem Zauberkreis in einen Winkel geflüchtet und preßt sich bebend an die kalte Mauer, er kann das rettende Bannwort nicht sagen, die schwarzen, gräßlichen Augenhöhlen verfolgen ihn und starren auf seinen Mund. Sie haben ihm die Zunge gelähmt, — er kann nur mehr röcheln in furchtbarer Angst. —

Langsam, stetig kriecht das Gespenst auf ihn zu — — (er glaubt das Schlürfen der Rippen auf den Steinen zu hören) — — und hebt tastend die Krötenhand nach ihm. — — An den Knochenfingern klirren silberne Ringe mit glanzlosen verstaubten Topasen, vermoderte Schwimmhäute verbinden lose die Glieder und strömen einen entsetzlichen Geruch aus nach verwestem Fleisch.

Jetzt — — faßt es ihn an. — — Eisige Kälte steigt ihm ins Herz. — — Er will — will — —, da schwinden die Sinne, und er fällt vornüber aufs Gesicht.

Die Kohlen sind erloschen, narkotischer Rauch hängt in der Luft und ballt sich längs der Decke. Durch das vergitterte, winzige Kellerfenster wirft das Mond=

licht gelbe schräge Strahlen in den Winkel, wo der Alte bewußtlos liegt.

Baldrian träumt, daß er fliege. Sturmwind peitscht ihm den Leib. Ein schwarzer Bock rast vor ihm durch die Luft, er fühlt die zottigen Läufe dicht vor seinen Augen, und die tollen Hufe schlagen ihm fast ins Gesicht.

Unter ihm die Erde, — weit, weit. Dann fällt er, wie durch einen schwarzsamtnen Trichter, immer tiefer und schwebt über einer Landschaft. Er kennt sie gut: Dort der moosbewachsene Grabstein, — auf dem Erdbuckel der kahle Ahorn mit den entblätterten Ästen, die sich wie fleischlose Arme zum Himmel krampfen. Herbstlicher Reif auf dem nächtlichen Sumpfgras.

Das Moorwasser steht seicht im Boden und schimmert durch den Nebel wie ein großes erblindetes Auge.

Sind das nicht Gestalten in dunklen Hüllen, die dort im Schatten des Grabsteines sich sammeln mit blitzenden Waffen und metallfunkelnden Knöpfen und Spangen?! Sie lagern sich im Halbkreis zu einer gespenstischen Beratung.

Des Alten Seele durchzuckt ein Gedanke: Der Schatz! Die Schemen der Toten sind's, die einen vergrabenen Schatz hüten! Und sein Herz stockt vor Habgier.

Er späht hinab von seiner Höhe, — immer näher rückt die Erde, jetzt klammert er sich an den Zweigen des Ahorn an, leise — leise. —

Da. — Ein dürrer Ast biegt sich und ächzt. — Die Toten schauen zu ihm empor. — — — Er kann sich nicht mehr halten und fällt — fällt mitten unter sie.

Sein Kopf schlägt hart auf den Grabstein.

*   *   *

Er erwacht und sieht die Moderflecke an der Wand. Keuchend taumelt er zur Türe, die Treppe hinauf mit brechenden Knieen.

Er wirft sich auf das Bett, — — seine zahnlosen Kiefer schlottern vor Furcht und Kälte.

Die rote filzige Decke legt sich um ihn, raubt ihm den Atem, bedeckt ihm Mund und Augen. Er will sich umdrehen und kann nicht, auf seiner Brust hockt ein wolliges scheußliches Tier: die Fledermaus des

Fieberschlafs, mit riesigen purpurnen Flügeln, und hält ihn mit ihrer Last unwiderstehlich in die dumpfig schmutzigen Polster gepreßt.

Den ganzen langen Winter lag der Greis an den Folgen dieser Nacht danieder. Langsam ging es mit ihm zu Ende.

Er sah von seiner Lagerstätte zu dem kleinen Fenster hinüber, wenn die Schneeflocken im Sturm vorbeiflogen und ungeduldige Tänze aufführten, oder empor zur weißen Zimmerdecke, auf der ein paar Fliegen ihre planlosen Wanderungen hielten.

Und wenn von dem alten Kachelofen her es gar so gut nach verbrannten Wacholderbeeren roch, („Kreche, Kreche" — ach wie er husten mußte) da malte er sich aus, wie er im Frühjahr draußen beim Heidegrab den Schatz heben werde, von dem er geträumt, und fürchtete nur, daß sich das Geld vielleicht doch verwandeln könne, denn so ganz in Ordnung war die Beschwörung des Astaroth ja nicht gewesen.

Einen genauen Plan hatte er auf einen abgerissenen Buchdeckel gezeichnet: den einsamen Ahornbaum, den kleiner Moorweiher und hier † den Schatz, — ganz in der Nähe des verwitterten Grabsteines, den jedes Kind kennt.

*   *   *

Der Buchdeckel lag auf dem Bürgermeisteramt und Hamilkar Baldrian auf dem Friedhof draußen.

„Einen Millionenschatz hat der Alte entdeckt, er war nur zu schwer gewesen, daß er ihn hätte ausgraben können," lief das Gerücht durch das Städtchen und man beneidete seinen Neffen, den Erben, einen Schriftsteller.

Die Grabungen begannen, die Stelle war im Plane so deutlich bezeichnet.

Einige Spatenstiche nur — — — da — — da: Hurra, hurra, hurra! eine eiserne, rostbedeckte Kassette!

Im Triumph wurde sie auf die Amtsstube getragen. Berichte gingen in die Hauptstadt, der Erbe sei von dem Funde zu verständigen, eine Kommission an Ort und Stelle zu entsenden usw. — usw.

Der kleine Bahnhof wimmelte von Menschen, Beamten in Uniform, Reportern, Detektivs, Amateurphotographen, ja, sogar der Herr Landesmuseumsdirektor war angekommen, um den interessanten Fleck Erde zu besichtigen.

Alles zog hinaus auf die Heide und glotzte stundenlang in das frisch gegrabene Loch, vor dem der Flurschütz Wache hielt.

Das saftige Moorgras war zertreten von den vielen gegerbten Gummischuhen, aber die hellgrünen Weiherstraucher in ihrem jugendfrischen Frühlingsschmuck blinzelten einander mit den seidenen Weidenkätzchen listig zu, und wenn ein Windstoß kam, krümmten sie sich in plötzlich ausbrechendem stummen Gelächter, daß ihre Häupter die Wasserfläche berührten. Warum wohl?

Auch die Krötenkönigin, die dicke mit der rotgetupften Weste, die in ihrer Veranda aus Ranunculus und Pfeilkraut die süße Maienluft genoß und doch sonst immer so würdevoll tat, weil sie 100,003 Jahre alt war, hatte heute wahre Anfälle von Lachkrämpfen. Sie riß das Maul auf, daß ihre Augen ganz verschwanden und schlenkerte wie besessen die linke Hand in der Luft. Fast wäre ihr dabei ein silberner Topasring vom Finger gefallen.

Unterdessen war von der Kommission die gefundene Kassette geöffnet worden.

Ein fauler Geruch entströmte ihr, so daß im ersten Augenblick alles zurückprallte. Seltsamer Inhalt!

Eine elastische Masse, schwarz und gelb, zäh und von glänzender Oberfläche. —

Es wurde hin und her geraten und der Kopf geschüttelt.

„Ein alchemistisches Präparat — offenbar," sagte endlich der Herr Landesmuseumsdirektor.

„Alchemistisch, — alchemistisch," lief es von Mund zu Mund.

„Alchemistisch? — Wie schreibt man das? — Mit zwei L?" drängte sich ein Zeitungsmensch vor.

„Nebbich, á Düngermittel," murmelte ein anderer vor sich hin.

Die Kassette wurde wieder verschlossen und an das wissenschaftliche Institut für Chemie und Physik mit dem Ersuchen um ein allgemeinverständliches Gutachten gesandt.

Alle weiteren Nachgrabungen in der Moorheide blieben erfolglos.

Auch die verwitterte Grabschrift auf dem Stein gab keinen Aufschluß: „Willi Oberkneifer ††† Leutnant i. R."?? darunter eingemeißelt zwei gekreuzte Fußtritte, die sich wahrscheinlich auf irgend ein verschleiertes Ereignis im Leben des Verblichenen bezogen?

Offenbar war der Mann den Heldentod gestorben.

Die geringen Mittel des erbenden Schriftstellers waren durch die Kosten gänzlich zusammengeschmolzen, und den Rest gab ihm das wissenschaftliche Gutachten, das nach drei Monaten eintraf:

Zuerst einige Seiten hindurch die unternommenen vergeblichen Versuche angeführt, dann die Eigenschaften der rätselhaften Materie aufgezählt und zum Schluß das Resultat, daß die Masse in keiner Hinsicht in die Zahl der bisher bekannten Stoffe eingereiht werden könne.

Also wertlos! — Die Kassette keinen Heller wert!

Am selben Abend noch setzte der Herbergswirt den armen Schriftsteller vor die Tür. — Die Schatzaffäre schien abgetan.

Doch noch eine ganz kleine Aufregung sollte dem Städtchen blühen.

Am nächsten Morgen rannte der Dichter ohne Hut mit wallenden Locken durch die Straßen zum Magistrat.

„Ich weiß es," schrie er immerfort, „ich weiß es."

Man umringte ihn. „Was wissen Sie?"

„Ich habe heute auf dem Moor übernachtet," keuchte der Dichter atemlos, — „übernachtet — uch — da ist mir ein Geist erschienen und hat mir gesagt, was es ist. — Früher — uch — sind dort draußen so viele ehrenrätliche Versammlungen abgehalten worden — uch — und da — uch — — —"

„Zum Teufel, was ist's also mit der Materie?" rief einer.

Der Dichter fuhr fort:

„— spezifisches Gewicht 23, glänzende Außenseite, zweifarbig, in allen kleinsten Teilen gebrochen und dabei zusammenklebend wie Pech, — ungemein dehnbar, penetranter — — —"

Die Menge wurde ungeduldig. Aber das stand ja doch schon in der wissenschaftlichen Analyse!

„Also, der Geist sagte mir, es sei ein **fossiles koaguliertes Offiziersehrenwort!** — Und ich habe gleich an ein Bankhaus geschrieben, um dieses Kuriosum zu Geld zu machen."

Da schwiegen sie, griffen ihn und sahen, daß er irre redete.

Wer weiß, ob der Ärmste nicht mit der Zeit wieder vernünftig geworden wäre, als aber die Antwort auf seinen Brief kam:

„Wir bedauern, Ihnen mitteilen zu müssen, quästionierten Artikel weder lombardieren noch per komptant akquirieren zu können, da wir kein Wertobjekt in demselben, auch wenn er nicht fossil und koaguliert wäre, — zu erblicken vermögen. Wollen Sie sich immerhin an ein Haus zur Verwertung von Abfallstoffen wenden.

Hochachtend

Bankhaus A. B. C. Wucherstein Nachfolger."

Da schnitt er sich die Kehle durch. —

Jetzt ruht er neben seinem Onkel Hamilkar Baldrian.

Das ganze Sein ist flammend Leid

Um sechs Uhr ist es längst dunkel in den Sträflings=
zellen des Landesgerichtes, denn Kerzen sind dort
nicht gestattet, und überdies war es Winterabend —
neblig und sternenlos. —

Der Aufseher ging mit dem schweren Schlüsselbund
von Tür zu Tür, leuchtete noch einmal durch die
kleinen vergitterten Ausschnitte, — wie es seine Pflicht
ist, — und überzeugte sich, daß die Eisenstangen vor=
gelegt waren. — Endlich verhallte sein Schritt und
die Ruhe des Jammers lag über all den Unglücklichen,
die der Freiheit beraubt — immer vier beisammen —
in den trostlosen Zellen auf ihren hölzernen Bänken
schliefen.

Der alte Jürgen lag auf dem Rücken und blickte zu
dem kleinen Kerkerfenster empor, das wie mattleuchten=
der Dunst aus der Finsternis schimmerte. — Er zählte
die langsamen Schläge der mißtönenden Turmglocke
und überlegte, was er morgen vor den Geschworenen
sagen wolle, und ob er wohl freigesprochen würde. —

Das Gefühl der Empörung und des wilden Hasses,
daß man ihn, wo er doch vollkommen unschuldig war,
so lange eingesperrt hielt, hatte ihn in den ersten
Wochen bis in den Traum verfolgt, und oft hätte er
vor Verzweiflung am liebsten aufgeschrien. —

Aber die dicken Mauern und der enge Raum —
kaum fünf Schritte lang — schlagen den Schmerz
nach innen und lassen ihn nicht heraus; — dann
lehnt man nur die Stirn an die Wand oder steigt
auf die Holzbank, um einen Streifen blauen Himmels
durch das Kerkergitter zu sehen.

Jetzt waren diese Regungen erloschen, und andere Sorgen, die der freie Mensch nicht kennt, drückten ihn nieder. —

Ob er morgen freigesprochen würde oder verurteilt, regte ihn nicht einmal so sehr auf, wie er sich früher wohl gedacht hatte. — Geächtet war er, was blieb ihm da als Betteln und Stehlen!

Und fiel das Urteil, so würde er sich erhenken — bei der nächsten besten Gelegenheit, — und sein Traum wäre in Erfüllung gegangen, den er in der ersten Nacht in diesen verfluchten Mauern gehabt.

Seine drei Gefährten lagen schon lange still; — sie hatten nichts neues zu hoffen, daß sie wach geblieben wären, und die langen Freiheitsstrafen kürzt nur der Schlaf. — Er aber konnte nicht schlafen, seine trübe Zukunft und trübe Bilder der Erinnerung zogen an ihm vorbei: anfangs, als er noch ein paar Kreuzer besaß, hatte er sein Los verbessern, sich hie und da eine Wurst und etwas Milch, manchmal einen Kerzenstummel kaufen können, solange er mit Untersuchungsgefangenen beisammen bleiben durfte. — Später hatte man ihn zu den Sträflingen gesteckt, aus Bequemlichkeitsgründen — und in diesen Zellen wird es bald Nacht — auch in der Seele. —

Den ganzen langen Tag sitzt man und brütet vor sich hin, die Ellbogen auf die Knie gestützt, — nur ab und zu eine Unterbrechung, wenn der Schließer die Tür öffnet und ein Sträfling schweigend den Wasserkrug trägt oder die Blechtöpfe mit den gekochten Erbsen. —

Da hatte er stundenlang gegrübelt, wer den Mord wohl mochte begangen haben, und immer klarer war es ihm geworden, daß nur sein Bruder der Täter sein könnte. — Der Bursche war nicht umsonst so schnell verschwunden. —

Dann dachte er wieder an die morgige Gerichtsverhandlung und den Advokaten, der ihn verteidigen sollte.

Er hielt nicht viel von ihm. Der Mann war immer so zerstreut gewesen und hatte nur mit halbem

Ohr zugehört und so devot wie möglich gekatzenbuckelt, wenn der Untersuchungsrichter hinzugetreten war. — Aber offenbar gehörte das schon so mit dazu. — —

Jürgen hörte noch von weitem das Rasseln der Droschke, die immer um dieselbe Stunde am Gerichtsgebäude vorbeifuhr. — Wer wohl darin sitzen mochte? — Ein Arzt — ein Beamter vielleicht. — Wie scharf die Hufeisen auf dem Pflaster klangen. — — —

Die Geschworenen hatten Jürgen freigesprochen, — — aus Mangel an Beweisen — und jetzt ging er zum letzten Male hinunter in die Zelle.

Die drei Sträflinge sahen stumpf zu, wie er mit zitternden Händen einen alten Kragen am Hemde befestigte und seinen dünnen schäbigen Sommeranzug anlegte, den ihm der Aufseher hereingebracht hatte. — Die Zuchthauskleider, in denen er acht Monate gelitten, warf er mit einem Fluche unter die Bank. — Dann mußte er in die Kanzlei beim Eingangstor, — der Kerkermeister schrieb etwas in ein Buch und ließ ihn frei. —

Es kam ihm alles so fremd vor auf der Straße: die eiligen Menschen, die gehen durften, wohin sie wollten und das so selbstverständlich fanden, — und der eisige Wind, der einen fast umwarf. —

Vor Schwäche mußte er sich an einem Alleebaum halten, und sein Blick fiel auf die steinerne Aufschrift über dem Torbogen:

„Nemesis bonorum custos." — Was das wohl heißen mag? —

Die Kälte machte ihn müde; zitternd schleppte er sich zu einer Bank in den Parkgebüschen und schlief ermattet fast ohnmächtig ein.

Als er erwachte, lag er im Krankenhause, — man hatte ihm den linken Fuß amputiert, der ihm erfroren war. — — — —

Aus Rußland waren zweihundert Gulden für ihn gekommen, — wohl von seinem Bruder, den das Gewissen gemahnt haben mochte, und Jürgen mietete ein billiges Gewölbe, um Singvögel zu verkaufen. —

Er lebte kümmerlich und einsam und schlief hinter einem Bretterverschlag in seinem armseligen Laden.

Wenn des Morgens die Bauernkinder in die Stadt kamen, kaufte er ihnen die kleinen Vögel um einige Kreuzer ab, die sie in Schlingen und Fallen gefangen hatten, und steckte sie zu den übrigen in die schmutzigen Käfige. — —

Von dem eisernen Haken in der Mitte des Gewölbes hing an vier Stricken befestigt ein altes Brett herab, auf dem ein räudiger Affe kauerte, den Jürgen von seinem Nachbarn — dem Trödler — gegen einen Nußhäher eingetauscht hatte.

Tag für Tag blieben die Schuljungen stundenlang vor dem blinden Fenster stehen und starrten den Affen an, der unruhig hin- und herrückte und mürrisch die Zähne fletschte, wenn ein Käufer die Tür öffnete.

Nach ein Uhr kam gewöhnlich niemand mehr, und dann saß der Alte auf seinem Schemel, blickte trübselig auf sein hölzernes Bein und brütete vor sich hin, was wohl jetzt die Sträflinge machen möchten und der Herr Untersuchungsrichter, und ob der Advokat noch immer auf dem Bauch vor ihm läge. —

Wenn dann ab und zu der Polizeibeamte, der in der Nähe wohnte, vorüberging, wäre er am liebsten aufgesprungen, um ihm ein paar mit der Eisenstange da über seine bunten Schandlappen zu hauen. —

O Gott, daß doch das Volk einmal aufstünde und die Schurken erschlüge, die arme Teufel einfangen und für Taten bestrafen, die sie selbst insgeheim und mit Lust begehen. — —

An den Wänden übereinandergeschichtet, standen die Käfige bis fast zur Decke, und die kleinen Vögel flatterten, wenn man ihnen zu nahe kam. — Viele saßen ganz traurig und still und lagen frühmorgens mit eingesunkenen Augen tot auf den Rücken. —

Jürgen warf sie dann achtlos in den Schmutzkübel, — sie kosteten ja nicht viel, — und da es Singvögel waren, hatten sie auch kein schönes Gefieder, das man noch hätte verwenden können. —

Ruhig war es eigentlich im Laden nie, — ein

ewiges Scharren und Kratzen und leises Piepsen, — doch das hörte der Alte nicht, — er war zu sehr daran gewöhnt. — Auch der unangenehme faule Geruch störte ihn nicht weiter. —

Einmal hatte ein Student eine Elster verlangt, und als er fort war, bemerkte Jürgen, dem an diesem Tage ganz eigentümlich zumute war, daß der Käufer, ein Buch hatte liegen lassen. —
Obwohl es deutsch war, wenn auch aus dem Indischen übersetzt, wie es auf dem Titelblatte hieß, verstand er doch so wenig davon, daß er den Kopf schütteln mußte. — Nur eine Strophe las er immer wieder flüsternd durch, weil sie ihn so schwermütig stimmte:

>Das ganze Sein ist flammend Leid.
>Wer dies mit weisem Sinne sieht,
>Wird bald des Leidensleben satt.
>Das ist der Weg zur Läuterung!

Als dann sein Blick auf die vielen kleinen Gefangenen fiel, die elend in den engen Käfigen saßen, zog es ihm das Herz zusammen und er fühlte mit ihnen, als ob auch er ein Vogel sei, der um seine verlorenen Fluren trauert.
Ein tiefer Schmerz zog in seine Seele, daß ihm die Tränen in die Augen traten. — Er gab den Tieren frisches Wasser und schüttete ihnen neues Futter zu, was er sonst nur frühmorgens tat.
Dabei mußte er der grünen, rauschenden Wälder im goldenen Sonnenglanz gedenken, die er schon lange vergessen hatte wie alte Märchen aus früher Jugend. — —
Eine Dame in Begleitung eines Dieners, der ein paar Nachtigallen trug, störte ihn in seinen Erinnerungen. —
„Ich habe diese Vögel bei Ihnen gekauft," sagte sie, „da sie aber zu selten singen, müssen Sie mir sie blenden." —
„Was? blenden? stotterte der Alte.
„Ja, — blenden. — Die Augen ausstechen oder

brennen, oder wie man das macht. — Sie als Vogelhändler müssen das doch besser verstehen. — Sollten auch vielleicht ein paar eingehen, schadet das nichts, so ersetzen Sie mir die fehlenden Stücke einfach durch andere. — Und schicken Sie sie mir bald zu. — Meine Adresse wissen Sie doch? — Adieu."

Jürgen dachte noch lange nach und ging nicht schlafen. —

Die ganze Nacht saß er auf seinem Schemel, — stand auch nicht auf, als der Nachbar, — der Trödler, — den es befremdete, daß der Laden solange offen blieb, an die Fensterscheibe klopfte. —

Er hörte es in der Dunkelheit in den Käfigen flattern und hatte die Empfindung, als ob kleine weiche Fittiche an sein Herz schlügen und um Einlaß bäten. —

Als der Morgen graute, öffnete er die Türe, ging ohne Hut bis auf den öden Marktplatz und sah lange in den erwachenden Himmel. —

Dann kehrte er still zurück in seinen Laden, machte, langsam die Käfige auf — einen nach dem andern — und wenn ein Vogel nicht sogleich herausflog, holte er ihn mit der Hand aus dem Bauer. — — —

Da flatterten sie in dem alten Gewölbe umher, alle die kleinen Nachtigallen, Zeisige und Rotkelchen, bis Jürgen lächelnd die Tür öffnete und sie ins Freie, in die luftige, göttliche Freiheit ließ — — —

Er sah ihnen nach, bis er sie aus den Augen verlor, und dachte an die grünen, rauschenden Wälder im goldenen Sonnenglanz. — —

Den Affen band er los, nahm das Brett von der Decke, daß der große eiserne Haken frei wurde.

Den Strick, den er daran hängte, wand er zu einer Schlinge und legte sie sich um den Hals. —

Nochmals zog der Satz aus dem Buche des Studenten durch seinen Sinn, dann stieß er mit dem Stelzfuß den Schemel unter sich fort, auf dem er stand.

— — — — — — — —

Der Tod des Selchers Schmel
Eine schlaftrunkene Geschichte

Wenn einer glaubt, daß die geheimen Lehren des Mittelalters mit den Hexenprozessen ausgestorben sind, oder daß sie gar auf bewußter oder unbewußter Täuschung beruhen, — ist er arg im Irrtum.

Niemand hatte das besser begriffen, als Amadeus Peverka, der heute im okkulten Orden der Hermetischen Brüderschaft von Luxor unter symbolistischem Gepränge zum „superieur inconnu" erhoben worden war und jetzt nachdenklich — durchschauert von den Lehren des Buches Ambertkend — auf einem behauenen Steinblock am Abhange der „Nußler Stiege" sitzt und schlaftrunken in die blaue Nacht hinausgähnt.

Der junge Mann läßt alle die fremdartigen Bilder im Geiste an sich vorüberziehen, die heute abend vor sein Auge getreten waren — er hört wie aus weiter Ferne noch die eintönige Stimme des Arch-Zensors Ganesha: „Die erste Figur, über welche man das Wort Hom aussprechen muß, zeiget sich unter einer schwarz und gelb gemischten Farbe, sie ist in dem Hause des Saturn. Wenn unser Geist einzig mit dieser Figur beschäftigt ist, wenn unsere Augen fest auf sie geheftet sind und wir in uns selbst den Namen Hom aussprechen, so öffnen sich die Augen des Verstandes, und man erwirbt sich das Geheimnis — — —"

Und die Brüder des Ordens standen umher, das blaue Band um die Stirn geschlungen und die Stäbe mit Rosen bekränzt. — Freie Forscher, die die Tiefen der Gottheit ergründen, mit Masken und weißen Talaren angetan, damit keiner den andern kenne und keiner vom andern wisse. — [Wenn man sich aber auf der Straße begegnet, erkennt man sich am Händedruck.] —

Ja, ja, — solche Institutionen sind oft unerforschlich und wunderbar. — — —

Amadeus Beverka greift unter seine Weste, ob er das Abzeichen seiner neuen Würde, die goldene Münze mit dem emaillierten Traubenkern noch habe und schwelgt im Gefühle stolzer Überlegenheit über diese schlafenden Menschen im nächtlichen Häusermeer, die nichts besseres kennen, als die Mysterien der Magistratserlässe und wie man gut esse und viel trinke.

Er wiederholt sich, an den Fingern zählend, all das, was von jetzt ab streng geheim zu halten sei.

„Wenn das so fort geht," flüstert ihm jenes niederträchtige innere Ich zu, das begeisterte deutsche Poeten so schön unter dem Sinnbild des „schwarzen Ritters zur Linken" verhüllen, „so werde ich schließlich noch das Einmaleins geheim halten müssen".

Selbstverständlich jagte er mit einem energischen Fußtritt diesen Teufel in seine finstere Welt zurück, wie es einem jungen Superieur inconnu geziemt, und wie es die Brüderschaft von ihm erwartet. —

Die letzte Straßenlaterne in seiner Nähe hat man erdrosselt, und über der dunstverhüllten Stadt flimmert nur das schwache Licht der Sterne. — Sie blinzen gelangweilt auf das graue Prag und gedenken trübselig der alten Zeiten, da noch der Wallensteiner von seinem Schlosse auf der Kleinseite grübelnd empor zu ihnen blickte. — Und wie die Alchymisten Kaiser Rudolfs in ihren Schwalbennestern auf der Daliborka nächtlich kochten und murmelten und erschreckt die Feuer löschten, wenn der Mars in Mondesnähe kam. — Die Zeiten des Nachdenkens sind um, und Prag liegt und schnarcht wie ein betrunkenes Marktweib.

Ringsum hügeliges Land. — Ernst und geheimnisvoll schweigt das Nußler Tal vor dem träumerischen Geheimjünger, — im fernen Hintergrunde die massigen tiefdunklen Wälder, in deren Lichtungen die Strolche schlafen, die bei der Prager Polizei noch keine Anstellung als Detektives gefunden haben.

Weiße Nebel tanzten auf den nassen Wiesen, — aus tiefer Ferne ruft das verträumte Pfeifen der Lokomotive eine kranke Sehnsucht wach.

Amadeus Beverka denkt und denkt: Wie stand es doch in dem alten Manuskript über die verheißenen Offenbarungen der inneren Natur, das während der zwanglosen Besprechung Bruder Sesostris vorgelesen hatte?

:„Wenn du in den Nachthimmel siehst und willst das Schauen erlangen, so richte deinen Blick auf einen Punkt, den du dir in weiter Ferne denkst, und schiebe ihn immer weiter und weiter von dir weg, bis du fühlst, daß die Achsen deiner Augen sich nicht mehr schneiden. — Dann wirst du mit den Augen der Seele sehen: ernste, traurige und komische Dinge, — wie sie im Buche der Natur aufgezeichnet sind —; Dinge, die keinen Schatten werfen. — Und dein Sehen wird mit dem Denken verschmelzen."

Der junge Mann sieht hinaus in das wolkenlose Dunkel, bis er seine Augen vergißt. — Geometrische Figuren stehen am Himmel, wachsen und verändern sich, dunkler als die Nacht. — Dann schwinden sie und Geräte erscheinen, wie sie das banale Leben braucht: ein Rechen, eine Gießkanne, Nägel, eine Schaufel. — Und jetzt ein Sessel mit grünem Rips bezogen und mit zerbrochener Lehne.

Beverka quält sich ab, die alte Lehne durch eine neue zu ersetzen. — Vergebens. — Jedesmal, wenn er glaubt, am Ziele zu sein, zerrinnt das Bild und fährt in seine alte Form zurück. — Endlich verschwindet es ganz, die Luft scheint wie Wasser und riesige Fische mit leuchtenden Schuppen und goldenen Punkten schwimmen einher. — Wie sie die purpurnen Flossen bewegen, hört er es im Wasser brausen. —

Erschreckt zuckt Amadeus zusammen. Wie ein jäh Erwachender. — Ein eintöniges Singen dringt durch die Nacht. — Er steht auf: Ein paar Leute aus dem Volke. — Slavischer Singsang. Schwermütig nennen es die, die davon erzählen, und es doch nie gehört haben.

Glücklich der Sterbliche, der es nie vernommen. —
Im Westen ragt das Palais des Selchers Schmel. Wer kennt ihn nicht, den Hochverdienten! Sein Ruhm klingt über die Lande bis an das blaue Meer. — Gotische Fenster schauen stolz hinab ins Tal. —

Die Fische sind verschwunden, und Amadeus Beverka sucht von neuem das Sehfeld in der Unendlichkeit. Ein heller Fleck, kreisrund, der sich mehr und mehr weitet, leuchtet auf. Rosa Gestalten treten in den Brennpunkt, mikroskopisch klein und doch so scharf, wie durch eine Linse gesehen. — Von blendendem Licht beschienen, — und die Körper werfen keinen Schatten.

Ein unabsehbarer Zug marschiert heran, rhythmisch im Takt, — es schüttert die Erde. Schweine sind es — Schweine! Aufrecht gehende Schweine! — Voran die edelsten unter ihnen, die ersten im Zuge der Seelenwanderung, die schon auf Erden die tapfersten waren — und jetzt violette Cereviskappen tragen und Couleurband, damit jeder sehe, in welcher Gestalt sie sich dereinst wiederverkörpern werden.

Es schrillen die Querpfeifen der Spielleute, — immer breiter drängen die rosa Gestalten, und in ihrer Mitte wankt ein dunkler, gebückter, menschlicher Schemen, gefesselt an Händen und Füßen. — Es geht zum Richtplatz, — zwei gekreuzte Schinkenknochen bezeichnen die Stätte. Schwere Ketten von Knackwürsten hängen an dem Gefangenen nieder und schleppen ihm nach in dem wirbelnden Staube. —

— Die Querpfeifen sind verstummt, es steigt der Kantus:

„Das ist der Selcher Schmel,
Das ist der Selcher Schmel,
das ist der lederne Selcher Schmel,
ja, ja
Selcher Schmel.
Das ist der Selcher Schmel!

———————————————

Jetzt haben sie halt gemacht, sammeln sich im Kreise und harren des Urteils. Der Gefangene soll sagen, was er zu seiner Verteidigung vorzubringen hat. Jedes Schwein weiß doch, daß man dem Beschuldigten alle Anklagspunkte zu nennen hat. Genau so, wie in einem Offiziers=Ehrenrate. — —

Ein riesiger Eber mit blutiger Schürze hält die Verteidigungsrede.

Er weist darauf hin, daß der Angeklagte nur im besten Glauben und in flammender Begeisterung für die heimische Industrie zu handeln vermeinte, als er tausende und abertausende der ihrigen dem Magen der Großstadt überlieferte.

Alles umsonst. — Die zu Richtern ernannten Schweine lassen sich durch die Bestimmungen des Gesetzbuches nicht beirren und ziehen erbarmungslos die schon vorbereiteten Urteile aus den Taschen. Wie sie es so oft bei Lebzeiten gesehen haben, und wie es Sitte ist auf Erden. —

Der Verurteilte hebt flehend die Hände empor und bricht zusammen.

Das Bild erstarrt — verschwindet und kehrt von neuem wieder. — So rollt die Vergeltung ab, bis auch das letzte Schwein gerächt ist.

Amadeus Beverka fährt aus dem Schlummer, er hat sich mit dem Kopf an den Griff seines Stockes gestoßen, den er in beiden Händen hält. Wieder fallen ihm die Augen zu und wirre Begriffe tanzen in seinem Hirn.

Diesmal wird er sich alles genau merken, damit er es weiß, wenn er erwacht.

Die Melodie will ihm nicht aus dem Kopf:
"Wer kommt dort von der Höh,
Wer kommt dort von der Höh?
Wer kommt dort von der ledernen Höh,
sa, sa
ledernen Höh,
Wer kommt dort von der Höh;

und dagegen läßt sich nicht ankämpfen.

Hilligenlei

*In baumwollenen Handschuhen
und mit quäkender Stimme zu lesen.*

Erstes Kapietel

Nu, singe ma*), du meine norddeutsche Pastoren=
seele von einem, der da lange nich wußte, was er
wollte und es denn mit eins fand:

Da war nu Rieke Thomsen, die dicke Hebamme,
die hatte die Hände auf dem statttlichen Leib und die
Füße auf die Feuerkieke.

Und denn warf sie mit eins den Holzpantoffel mit
sachtem Schwung gegen die Türe.

Kam da der alte Hule Beiderwand, der bei sie
wohnte und so ne knarrige Sttimme hatte und sich
so steil hielt, weil ein inwendiges schönes Licht in
ihm war.

„Töf,“ — saachte er, „töf.“ —

Die Türe knarrte kurz und hart.

Und denn saachte die kleine dusselige Tine Rauh,
daß Liese Dusenschön auf das Haus zukäme.

Tine Rauh! —

Das war auch eine von den Rauhen, die in de
lüttje Bäckerstroot wohnen und alle so 'n krauses,
gelbes Haar und so 'n fahrichen Sinn haben.

Und es dauerte auch kein Jahr, denn starb sie.

Liese Dusenschön aber lag oben in Nöten.

Die halbe Nacht wird darüber hingehen, hatte
Rieke Thomsen gesaacht. — — —

---

*) Singe ma (mal) nicht zu verwechseln mit Tschin Ma =
beliebter chinesischer Variétégaukler.

Die Türe knarrte kurz und hart.

Nach eine Weile kam Stiena Dusenschön, Liese Dusenschöns Mutter, und denn tranken sie unten Kaffee und Stiena hatte ne Postkarte bekomm, und da stand „Du ahnst es nich" auf, und da war sie sehr ßtolz auf und saachte, daß demnach ein hoher Herr der Vater des Kindes sei, und die Perlenfransen ihrer Haube schlugen ziemliche Wellen.

Die Türe knarrte kurz und hart. — — —

Liese Dusenschöns Vater war ein finsteren verschlossenen Mann gewesen, vor ebedem Bürgermeister von Hilligenlei. —

Der hatte nie im Leben ein Wort gesprochen.

Erst auf dem Totenbette löste sich ihm die Zunge:

„Kumm man nich an die Gas," hatte er gesaacht und denn war er geßtorben.

Die Türe knarrte kurz und hart. — — —

Die dusselige Tine Rauh aber kam herunter und saachte, daß Liese Dusenschön tot sei.

Und Stiena und Rieke Thomsen sahen den neugeborenen Knaben an und nannten ihn Tjark. —

Tjark Dusenschön. —

Hule Beiderwand aber saachte finster, der sei schlapp und werde Hilligenlei auch nich zu HeiligLand machen. —

Die Türe knarrte kurz und hart. — — —

Suse Dusenschön, das war nu die jüngste von Lises Schwestern gewesen, die war zuerst Vice II bei Reimers in Niendorf gewesen und denn war sie mit einem Studenten im Grase gewesen, der hatte ihr gezeigt, wie der Buchfink feist und Hochzeit macht und denn war er wechgegangen. —

Und denn war sie auch Mutter gewesen und nu war sie auch tot.

Na! Und Dorchen Dusenschön, Lieses zweite Schwester?

Wer hat sie gesehen? Na! — na, laß man! —

Die Türe knarrte kurz und hart. — — —

Zweites Kapitel

In derselben Nacht war drüben bei Hafenmeister Lau auch 'n klein süßen Jung angekomm und hieß Pe Ontjes Lau, und Rieke Thomsen war gar nich mit bei gewesen.

Der Junge hatte sich selbst geholfen.

Ja! — So war lütt Pe Ontjes Lau!

Pe Ontjes Lau! — Wer kennt ihn? —

— — — — — — — — — — — — — — —

Drei Tage später half Rieke Thomsen Male Twientichsöth, Kai Jans Twintichsöths — des Deicharbeiters — Eheweib, von ihr erstes Kind.

War auch 'n klein niedlichen Buttje das!

Kuddl! So nannten sie ihn.

Kuddl Twintichsöth.

Hatte 'n roten Flecken auf der Brust und ne klein fein empfindliche Seele. Kuddl! —

"Seht seine Augen," saachte immerzu Jan Fried Buhmann — das war der Schmied —, "wie hee se verdreht, dat man blos dat Witte to sehen kreegt, dej möt Pastor weren," — pulterte mit sien steife Ledderhaut, als wenn 'n Berchwerch einfiele und plinkte so ftaark mit den Augen, als wäre in jedes ein Brummer geflogen.

Von vorne sah er noch ganz gut aus.

Aber von hinten war es sehr schlimm.

War da viel versunken schlappes Hosenzeuch gewissermaaßen und ein dürren Ledderftreifen, —

"Ja," fügte er hinzu, "der wird mal aus Hilligenlei Heilig-Land machen. Nöch?"

Und er gewann den Kleinen lieb und der Kleine erftaarkte in seinem Umgang.

Drittes Kapitel

Und siehe da, als der erste März vorbei war und noch zwei Monate, da war der erste Mai.

Und da kam ein neuer Lehrer nach Hilligenlei, — als der alte geftorben war, — der hieß Pummel Pferdmenges und hatte noch niemals ein Weib berührt.

Aber er wohnte gerade vier Wochen in dem leeren stillen Hause, da wurde es Juni. —

Und da fiel er in Liebe.

Es war eine schlimme, selige, unselige, nein selige Zeit!

Oft ging er in die andere Sstube und malte sich aus, daß sie hier hausen und abends ihr Hemde ut trecken sollte und denn überfiel ihn mit eins eine ßtaarke Freude.

Und denn ging er in Garten und fand sie hinterm Sstachelbeerbusch kauern und denn überfiel ihn wieder eine ßtaarke Freude. —

So sehr liebte er sie schon, obgleich er sie noch nie mit seinen Augen gesehen hatte.

Und denn wieder ßtellte er sich wieder was vor und schloß sich auf ne ganz kleine Viertelßtunde ein.

Und wenn er wieder herauskam, war er mit eins ganz ruhig und abgekühlt.

Muß mich nu man ganz und ganz gewiß ma ne Deern nehm, saachte er sich denn immer reuevoll.

Und als er ma bei Ringerang, — ach, das war auch so einer, der war lappich wie 'n nasses Handtuch und hatte 'n Bruder, der hieß Hinnerk, ach Gott, und der wohnte in Rußland und war verlähmt seit seinen Jünglingstagen und laach nu schon 30 Jahre in Bette.

Ja und als Pummel Pferdmenges ma bei Ringerangs Destillation zu Tanze war, da hatte sich Lieschen Klemmködel aus dem Schuh herausgetanzt und hatte ihn aus Augenwinkeln angesehen. — —

Und denn war sie mit ihm zu Gehölz gegangen! —

"Sei doch nich bange!" hatte sie denn gesaacht. —

"So!" — — — — — — —

Die Nacht war enge und blau. — — — —

Und vier Wochen ßpäter mußte sie es Vadder sagen.

So war aus Lieschen Klemmködel Liesbeth Pferdmenges geworden.

Du aber, Pummel Pferdmenges, wirst du aus Hilligenlei Heilig-Land machen?

Viertes Kapietel

Als die Zeit um war, da wurde im stillen Haus 'n Göhr gebohren, und Pummel Pferdmenges hatte Liesbeth die Hand so hart gedrückt, daß sie ihn bitten mußte, sanft zu sein.

So sehr freute er sich über das Kind, das sein scheues, keusches Weib ihm geboren hatte.

Und auch diese beiden Kinder wuchsen auf. — —

Als ma viel später Male Twintichsöth bei das stille Haus ging, saß da nich Liesbeth Pferdmenges im geöffneten Kleid und hatte wieder ein Neugeborenes an der Brust?

Helle und steil, mit fliegenden Augen; — — — so sind sie alle die Klemmködels!

Dat's all Numma 4, saachte die aber und lachte.

Mit eins aber zoch ein Gewitter auf, das war so arch doll, daß die Kronleuchter des Himmels bebten. —

Und lauter schräge Blitze gab's da.

Pummel Pferdmenges, der Lehrer, der eben mit dem Fahrratt unterwegs war, fuhr nu direktemang in die Bucht, und als der Himmel wieder heil war, ach, da hatten sen auf ne Bahre gelegt und bei das stille Haus gebracht. —

Da lag er nu tot und wagrecht. —

— — Versapen. — —

Fünftes Kapietel

Zehn Jahre alt war nu Kubbl Twintichsöth schon und „oh Mutter", saachte er und sah sie mit Angst an, „wenn das man nich ma meine Not wird.

Ich kann nich nachschlassen, ich glaube, ich grüble mich noch ma den Kopp entzwei." —

Er sucht 'n Königreich, hatte Pe Ontjes gesagt und sie waren toschm nach Freestedt zu Schule gegangen.

Staften durch Schlick und Schiet.

Gab ein arch Stöhnen und Prahlen da und fünfe gingen mit.

Piet und Antje Pferdmenges; — die lütt Heinke

war noch zu jung, — Tjark Dusenschön und zwei von Fischer Süderloh.

Der eine hat 'n frühen Seemannstod gefunden, ach ja, und der andere, der jüngere?

Der kam nach Jahren zu ein Klempnermeister in die Lehre nach Hamburch und sah da nu, wie alle strebten und immerzu nur an das eine dachten, wie etwas für die Deutsche Wiedergeburt geschehen könne; und wie da Willi Drööbs, der Geselle, immerlos heimlich griechisch lernte, immerlos Taach und Nacht.

Der stammte aus Dithmarschen — Willi Drööbs — aus ein frommen Pastorenhause, (— sind nu schon alle lange tot —); und auch Willi Drööbs starb bald, an de Auszehrung; nu, und Rieke, seine älteste Schwester, die heiratete einen Küper und denn sind sie nach Amerika und nie wieder hat man von ihr gehört.

Ja und war da bei dem Klempnermeister auch noch Pummel Sóthbier, der stammte aus Groß=Vorstel. Pummel Sóthbier, ach, wie lange is dej all tot — und der betete immer nachts, daß der liebe Gott die Leichdörner von den Menschen nehmen möge.

Ja, ja, Hamburger Klempnergesellen, das is 'n gar nachdenklich Volk! — — —

Als sie denn im Schulhause ankamen, da saß Mars Wiebers, der Lehrer der Hafenschule, das staarke Haupt von brandrotem Haarwerk ganz umgeben, und wußte, warum Kuddl Twintichsöth traurich sei und erhob den Sstock gegen die ganze Hafenstraße von Hilligenlei und saachte: „Niemand soll ihm von euch wieder sagen: Kuddl klei'=Di.—

Sollte ihr das sagen, ihr Lümmel? — — —

Das wird Gott tun."

Sechstes Kapietel

Der „Fatzke de Gama", der brasilianische Gaffel=schooner, trieb vor flauer Brise in haushoher Dünung auf dem südchinesischen Meer.

Kuddl Twintichsöth, der Vollmatrose, hatte die Steuerbordwache, spleißte an nem Steekbolzen und in seiner Seele klang wie von ferne die schlichte, ergreifende Volksweise seiner Heimat:

„Hein Lehmann het, Hein Lehmann het,
Hein Lehmann het dat dohn,
Hein Lehmann is dat wesen,
Hein Lehmann het dat dohn! —
Hein Lehmann het dat Finster mit de Foit inslohn."

Und er fuhr sich mit dem Ärmel seiner Donkeyjacke über die nassen Augen.

„Warum is Hilligenlei nich Heilig-Land und sollte doch Heilig-Land sein, — nöch?" — saachte er immerlos vor sich hin.

Da kam mit eins Lude Thedens von die Backbordschen, und der hatte nu immer 'n Mund voll Schnack und tühnte in einsenfort von die Köhmbuttel und von die Itzehoër Nachrichten und von die braunen Deerns in Apia, die so doll stramm nach Schweßi röchen und denn von seine alte Liebe in Frisko — von „Yokohama" dat schoine Negermächen mit de slabberige Tidd. —

Da ging Kubbl nach achtern und weinte bitterlich. —

Hei, was hatte der für 'n Lebensunterricht!

Und denn saachte Piet Pferdmenges, der auch mit von die Wache war, daß vier Fuß Wasser im Raum sei und sie nich pumpen wollten, da sie alle duhn seien von Köhm und immerzu bei die Buttel gingen

Und da verbiß Kubbl Twintichsöth seinen Gram und erzählte der Mannschaft die Geschichte von dem bösen Kinde, das seine Suppe nich essen wollte.

Da staunten die Schiffsleute und sagten einer zum andern: „Was ist zumal mit ihm, der er allbieweile der Stillste war unter uns allen und jetzt — — — het hee dat Muul voll Tüntjes."

Da ward er der unheimlichen Gabe froh.

Wer hat den Sonnabendabend auf dem „Fatzke de Gama" mitgemacht?

Der wird ihn nich vergessen.

Und die Schiffsleute gossen den Kümmel über Bord und pumpten so lange, bis sie in Kapstadt waren. —

(Junge, dat is 'n doll mächtich Ende.)

Siebentes Kapitel

(Die Pastorenseele laut und ungeduldig quäkend): Hilligenlaaj, quei=quaaj. Wann wird denn nu end= lich ma Heilig=Land aus dich werden!?

Achtes Kapitel

Die „Goodefroo"! —

Damit kein Irrtum is: Der Dreimastvollricker „Goodefroo" auf dem Pinaß von Jan Marbst gebaut.

Wer hat sie gesehen?

Ach, nóch im Hafen.

Nó, beim 63. Grad unter Kap Horn durch die tobende See ßtürmen. Junge, Minsch, was 'n Spaaß!

Aber der Kapitán? —

Jan Dóós von Blankeneese is Kaptein; is ja wahr, hat bei ßtattlichem Oberleib kurzes krummes Bein= werk is ja Tatsache.

Keiner ßtreitet dagegen.

Aber nu is er ja schon lange daudt.

Aber der Stuérmann?

Hochmútich war er, achott, weiß es doch 'n jeder und Kakerlatjes konnte er nu nich sehen, nich von weitem, Gitt i Gitt. — —

Man hat ihn nie tühnen hören.

Getühnt hat er nur ßpáter, ganz heimlich und ganz selten ma mit Antje Pferdmenges und ihren Kindern.

Wer hat den Stuérmann Pe Ontjes Lau gesehen?

Aber der Maat?

Nichts über den Maat!

Klaus Sievers war Maat!

Ein finstern Mensch; ßtammte aus reichem Bauern= geschlechte aus Borchfelde. —

Hatte da ma geßlügt mit 17 Jahren und 4 Pferden.

Da war das Handferd ausgeglitten und sein Vater hatte ihm ins Gesicht geßtarrt und ihn gefragt: „Heßt du all 'n dróche Unnerbúx?"

Und das hatte dem Jungen das Herz gebrochen. —

Nu hatte er so 'n ßtarres Gesicht und war Maat auf der „Goodefroo".

Ja, ja so sind sie all von Borchfelde, ungebeugt und staark.

Aber die Back?

Is 'n ganz unnötich Anfragen.

Ein gutes Schiff, ein guter Kaptein können immer ne gute Mannschaft haben.

Und Kubbl Twintichsöth und Piet Pferdmenges waren auch mit bei. —

So blieb es 35 Tage, denn kam mit eins rauh Wetter, und Kubbl dachte bei jede Bö, die kam, und bei jede See, die mitschiffs ging: nu kommt es, Heilig=Land.

Nu kommt es.

Es kam aber noch nich. —

Aber die Fockschoot klemmte ihm arch doll den Finger ein.

Da lief er wimmernd von die Fockwant zum großen Stüermann Pe Ontjes Lau und jammerte immerlos:

Pe Ontjes — — süßer Pe Ontjes — mein Finger, ach kief ma, — au, au! —

Und denn ließ Pe Ontjes mit eins wenden, und alle Mann trösteten Kubbl, und als denn Torril Torrilsen, der Gute, der älteste von die Backbordschen, von Achterdeck kam und ihm Puste—Puste auf Fingerchen machte, da wurde es besser mit ihm.

Arbeiten aber ließen se ihn nich mehr, auch als es auf zu stürmen hörte!

Und denn wurde Heine Marquard, der eben auf Deck lag und flötete, zu Pe Ontjes gerufen.

„Hast du deinen Cäsar und Xenophon mit?" saachte der.

Ja, saachte Heine Marquard verbaast. —

Und denn gab Heine Marquard Kubbl Twintichsöth seinen Cäsar und Xenophon und zeigte ihm, wie Griechisch und Lateinisch is.

Kubbl stand in Verwunderung vor diesem neuen Weg.

Nu kommt Heilig=Land, dachte er bei jedem Kapitel, nu kommt es. —

Hei, was hatte der für 'n Lebensunterricht!

Neuntes Kapietel

Der Tag war hoch und helle.

Und Pe Ontjes war noch gar nich Stüermann auf der „Goodefroo", da hatte ma Antje Pferdmenges mit ihrem wiegenden Gesang Besuch bei Lau gemacht.

Und Pe Ontjes hatte sie gefragt, ob sie seine Frau werden wolle.

Da hatte sie sich mit eins steil aufgerichtet, wie 'n Licht.

„Gitt i Gitt," hatte sie gesaacht und ihre Augen bekamen einen harten Schein, — „büß' n Swien, — Aalfreter du."

So liebten sie sich, daß keines zum andern finden konnte.

Zehntes Kapietel

Triena Maartens aus Brunsbüttel und Antje Pferdmenges schritten im Kastaniengang und hatten sich untergefaßt.

Triena Maartens war genau so wie Antje, nur hattese dunkles Haar.

Und denn hattese braune Augen, sprach auch ganz anders.

Und denn war sie auch größer und breiter.

War früher die Nichte von Hule Beiderwand gewesen, denn aber war de Ohlsch stöckrich geworden und hatte gequäst und getühnt in einsenfort und immerlos gesaacht, daß einer aus Hilligenlei Heilig-Land machen müsse, und da war sie nach Hamburch gegangen nach „die englische Planke" und war da Köksch geworden.

Und wie da Antje denn alleine im Kastaniengang war und flötete — die Klemmködels können alle nich flöten oder feifen — da kam mit eins Lude Voß, der kam gerade von Militär und der kam und nahm sie und bog sie im Schatten zurück und sie wehrte ihm nich, daß er sich an ihren jungen Gliedern freute.

Und denn ging sie mit ihm in die Kammer und legte sich in süßer Verwirrung in die Kniee.

„Knack" — saachte das Knie.

Und denn offenbarte sie ihm die Wunder ihres Leibes.
Und das war jeden Tag ch so! —
Was tut Antje Pferdmenges am Heckenweg?
Das tut sie!
Und das is ihre heimliche Freude.
Ach ja, ihre Seele stach noch arch in Jugendträumen.

Elftes Kapietel

So verging wieder 'n Jahr.
Da saßen sie alle in Hamburch im Alsterpawilljong. —
Kuddl Twintichsöth, nu schon 25 Jahre alt, — der ehemalige Vollmatrose vom „Fasske de Gama".
Der ging jetzt in die Domschule zusammen mit den lütten Buttjes und wußte noch immer nich, was er wolle.
„Es soll doch aus Hilligenlei Heilig=Land werden, nöch?" — saachte er sich innerlich.
Und denn saßen da noch Antje und Piet und Heinke Pferdmenges, die war heimlich mit Emil Marquardsen, dem Lehrer in Freestedt, verlobt, und denn Kassen Wedderkopp, der immer so laut ßprach, weil er ma in Korea 'n Schuss in Rücken bekommen hatte. —
Nun fingen sie an über Hilligenlei zu ßprechen, und daß da doch ma Heilig=Land aus werden müsse, und wurden nich müde von.
Da sahen sie Tjark Dusenschön, derselbe, der im Kapietel II auf Seite 85 geboren wurde, und der ßtakte über 'n Jungfernßtieg und hatte ehrwürdige Klappen an den Seiten eines langen Gehrocks.
Und denn ging er bei Reese & Wichmann und kaufte Bontjes.
Wie er bei ihnen saß, kukkte ihn Antje mit fliegenden Augen an, und der ganze Alsterpawilljong war helle von ihrem Haar. —
„Warum komm' Sie nu nich nach Hilligenlei?" — hatte sie mit verengter Kehle gesaacht. —
Tjark Dusenschön aber mit seinem bartlosen Gesicht hatte geantwortet:
„Fräulein Pferdmenges, ich habe kein Bedürfnis."

Zwölftes Kapietel

Gegen Fingſten kam ne ungeſunde Luft.

Da fuhren Pe Ontjes Lau, der Gewaltige, mit Antje Pferdmenges in ne Treckſchute von Hilligenlei nach Hamburch.

Und der Beeſtmann und Kubbl Twintichſöth hißten das Großſegel.

„Nu kommt Heilig=Land,“ dachte Antje, „nu aber ma ganz gewiß.“ —

Nun waren es 150 Tage, daß, als Kubbl ihrer begehrte, ſie ihm geſaacht hatte: „Du? Du? Du kannſt mich an Taille bummeln.“

Und ſie ſtand hell und ſteil wie 'n Licht und ihre Augen ſprangen und ſtaachen.

Denn ging ſie mit Pe Ontjes nach die Kabüſe.

Und offenbarte ihm die Wunder ihres Leibes.

Und er hat ſie zum Weibe genommen.

Und hat niſcht gemerkt.

Dreizehntes Kapietel

Der Wind wehte ſtaark und ſtoßweiſe 'n Jahr ſpäter und ſie gingen weiter in das graufunkelnde Meer hinein. —

Kubbl Twintichſöth und Heinke Pferdmenges.

Büß een ſüß weiß holſteinſche Deern du, ſaachte er, und ſie drückte ſeinen Arm gegen ihre weiche Bruſt.

Da flooch 'n Schwalbenpaar mit ſüßem Laut ganz dicht an Heinkes Kniee, und er tat, als griffe er raſch nach.

Sie aber wehrte: laß nachch und wurde rot.

Innerlich aber dachte ſie: Nanu?

Und denn dachte ſie ferner: Ick bün doch valobt.

Und denn ſprach er wieder von was andern und ſaachte, ſeit er ſie ſo ſüß geſehen, wiſſe er ganz genau, er müſſe man blos eben noch das Welträtſel löſen und denn wolle er 'n Buch ſchreiben für die Deutſche Wiedergeburt.

Er ſei doch nu Paſtor jetzt und wiſſe genau, wie man 'n Buch ſchreibe; — durch viele wirkliche Dichter habe er sich durchgefressen, besonders durch Selma Lagerlöfs Jerusalem und Gösta Berling.

Und Wilhelm Raabe, auch Amalie Skram und manch andere.

Auch so ne feine kleine Prise Anderssen dazu.

Und denn habe er gegen 20000 Tüntjes gesammelt.

Man werde es gewiß nich merken, so fein wolle er abschreiben, — und wenn — — dabei plinkte er listich mit den Augen, denn habe man ja noch — — Kruppsche Kanonen.

Und sie solle man doch nich so spröde sein und ihn man 'n bischen begeistern. —

„Er weiß nich, daß ich valobt bin, dachte sie; — — „küssen laß ich mir, ach watt, — — awa mehr nich", und sie schmiechte sich dichte an ihm.

„Achch ja, schreibe 'n Buch für die Deutsche Wiedergeburt," saachte sie denn, „das is so süß."

Da kam mit eins wieder das verdammte Schwalbenpaar und flooch dicht an ihr Knie, und er haschte nachch.

„Awa Kubbl," saachte sie man blos. —

Denn ßpäter aber schrie sie laut auf in ihre Angst: „Kubbl nich heute, weißt du — — —, morgen vielleicht — üwamorgen. Kubbl, laß nachch. Man blos kiefen, bütte, achch, bütte."

Und denn ßprang sie mit eins auf: „Kubbl, achott, ich glaube, 's kommt wer."

Und richtich ging da aufgetafelt Triena Maartens mit Willi Suhlsen aus Harwestehude übers Moor.

Kubbl kannnte se von Hamburch. —

„Dat Bödelsch," saachte er ärgerlich, „ach watt."

Und dann fraachte er Heinke: „Also morgen?"

Heinke ßprang nach dem Lohweg.

„Geerne," saachte sie, „geerne."

— — — — — — — — — —

Kubbl Twintichsöth setzte sich — angeregt von dem, was er gesehen, — noch abends an die Arbeit und dichtete immerlos, — — zuerst in Klabbe und denn erst ins Reine.

klierte so Seite um Seite und reihte Tüntjes an
Tüntjes. —

Links hatte er das Adressenbuch von Lübeck und
Hamburch (er brauchte doch 10000 Namen) und rechts
die Bibel — da hatte er sich nu schon früher durch=
gefressen und allens wechgeßtrichen, was einer eso=
terischen Bedeutung glich oder im Sinne gnostischer
tiefsinniger Symbole sprach. —

Und denn wurden ihm die Lider schwer.

Er löste noch rasch das Welträtsel und schlief
denn ein.

Und hatte 'n wunderlichen Traum denn.

'n norddeutschen Engel*) hatte ihn mit verengte
Kehle beim Namen gerufen.

„Kiek ma!" hatte er gesaacht und auf ne Kruppsche
Kanone gezeigt, die voll mit seinen — Kuddl Twin=
tichsöths — Werken war, und 'n Zettel ßtach da an
mit den Worten:

Hilligenlei, oder die Bibel mit Tüntjes
verziert.

Ein Anregungsbuch für die deutsche Hausfrau.

Von Kuddl Twintichsöth = Dichter und Pastor.

Und denn hob der Engel den Finger und saachte
schalkhaft — auf daß die Prophezeiung von Kapietel 7
erfüllt werde:

„Kuddl! Klei'=Di."
und verschwand.

Vierzehntes Kapietel
Das Bacchanal

Evoë, Pastor Twintichsöth, Evoë.

„Hilligenlei", so hieß denn auch das Buch, das
Pastor Twintichsöth gedichtet hatte, und das Lager
der norddeutschen Hausfrau hallte wieder.

Evoë, Kuddl Twintichsöth, Evoë.

War da nich schwachz auf weiß das Welträtsel
gelöst!?!

---

*) Gabriel „zwei"

Und wie ſchlicht laach es nu da mit eins, das Evangelium!

Paſtor Twintichſöth hatte es mit mutigen Worten geſaacht, trotz Jacob Böhme, Georg Gichtel, Pordadge und Kerning:

„Jeſus! Ach, war doch 'n ganz einfacher Mann. Und die Bibel?

n' ſchön, awa ungeordnet Buch, nöch? Muß ma geordnet werden, nöch?

Und das Gleichniß vom valornen Sohn?! Achott, hat Jeſus als Kind ma 'n ſtolzen Bauernſohn in Lumpen nach Hauſe kehren ſehen.

Mußte ihm ſtaark auffallen; — nöch? Is doch klar. Nöch? —

— Nu und der Prophet Jeſaias? —
War doch 'n Friſeur, — nöch?"

—— —— ——

—— ——

Aus allen Gauen waren ſie zuſammengeſtrömt, die deutſchen Hausfrauen, und ſtanden verſammelt auf dem Gänſemarkt in Hamburch.

Das blonde Haar ſchlicht geſcheitelt.

In Reformkleidern aus Lodenſtoff — zum hoch= knöpfen, — und Prunelleſtiefeln. Thyrſosſtäbe in den Händen.

„Achch, achch, is 'n ſüßes Buch, Hilligenlei, und denn für die Deutſche Wiedergeburt; Paſtor Twintich= ſöth ſaacht es doch ſelbſt in," ging es von Mund zu Mund.

Und manchmal neigte ſich eine zum Ohre der andern: „Haben Sie ſchon gehört, Frau Paſtor, was Frau Oberkonſiſtorialrat bei die letzte Frauen= verſammlung über ‚Hilligenlei' (bei verſchloſſenen Türen) geſaacht hat? —

'n mutig deutſches Frauenwort!!!"

's is ſo ſüß, Hilligenlei, und denn wirkt es ſo — — — — anregend! Nöch?"

Und denn wurde Hilligenlei öffentlich auf dem Gänſemarkt vorgeleſen — von Frau Oberkonſiſtorial=

rat Suschen Thaden — und das dauerte nu vier Tage.

Und während diese Zeit blieb nu die Sonne ßtarr am Himmel ßtehen, und hie und da hörte man 'n doll unterirdisch Tosen.

Als ob die Erde laut gähne. — 's war überhaupt, als sei die ganze Natur eingeschlafen.

Und denn beßtiegen sie 'n Schiff und fuhren nach Hilligenlei (— kiek, nu is mit eins doch Heilig= Land aus geworden —), Paßtor Twintichsöth zu huldigen.

Evoë, Paßtor Twintichsöth, Evoë.

„Krank"

Der Gesellschaftsraum des Sanatoriums war stark besucht, wie immer; — alles saß still und wartete auf die Gesundheit.

Man sprach miteinander nicht, da man vom andern eine Krankheitsgeschichte befürchtete — oder Zweifel an der Behandlungsmethode. —

Es war unsagbar öde und langweilig, und die faden deutschen Sinnsprüche, mit schwarzen Glanzbuchstaben auf weiße Kartons gepappt, wirkten wie ein Brechreiz. — —

An einem Tische, mir gegenüber, saß ein kleiner Junge, den ich beständig ansah, weil ich sonst meinen Kopf in eine noch unbequemere Lage hätte bringen müssen.

Geschmacklos angezogen, sah er unendlich stupid aus mit seiner niedrigen Stirn. — An seinen Sammetärmeln und Hosen hatte die Mutter weiße Spitzenbesätze befestigt. —

Auf uns allen lastete die Zeit, — sog uns aus wie ein Polyp.

Ich hätte mich nicht gewundert, wenn plötzlich diese Menschen wie ein Mann, ohne sogenannte Veranlassung, mit einem Wutgeheul aufgesprungen wären und alles — Tische, Fenster, Lampen — in Raserei zertrümmert hätten.

Warum ich nicht selbst so handelte, war mir eigentlich unverständlich; vermutlich unterließ ich es aus Furcht, daß die anderen nicht gleichzeitig mitmachen

würden, und ich hätte mich dann beschämt wieder
niedersetzen müssen.

Dann sah ich wieder die weißen Spitzenbesätze und
fühlte, daß die Langeweile noch quälender und drücken=
der geworden war; — — ich hatte das Gefühl, als
ob ich eine große graue Kautschuk=Kugel in der Mund=
höhle hielte, die immer größer wurde und mir ins
Gehirn hinein wuchs. — —

In solchen Momenten der Öde ist einem sonder=
barerweise auch der Gedanke an irgend eine Verän=
derung ein Greuel. — —

Der Junge reihte Dominosteine in ihre Schachtel
ein und nahm sie dann in fieberhafter Angst wieder
heraus, um sie anders zu legen. — Es war nämlich
kein Stein mehr übrig, und doch war die Schachtel
nicht ganz voll — wie er gehofft —, es fehlte bis
zum Rande noch eine ganze Reihe. — —

Er packte seine Mutter endlich heftig beim Arm,
deutete in wilder Verzweiflung auf diese Asymmetrie
und brachte nur die Worte heraus: „Mama, Mama!"
— Die Mutter hatte soeben mit einer Nachbarin über
Dienstboten und ähnliche ernste Dinge gesprochen, die
das Frauenherz bewegen, und blickte nun glanzlos
— wie ein Schaukelpferd — auf die Schachtel. —

„Leg' die Steine quer," sagte sie dann.

Im Gesicht des Kindes blitzte ein Hoffnungsstrahl
auf, — und von neuem ging es mit lüsterner Lang=
samkeit an die Arbeit. —

Wieder verstrich eine Ewigkeit.

Neben mir knisterte ein Zeitungsblatt. — —

Wieder fielen mir die Sinnsprüche in die Augen,
— und ich fühlte mich dem Wahnsinn nahe. — —

Jetzt! — — Jetzt — — das Gefühl kam von
außen über mich, sprang mir auf den Kopf, wie der
Henker.

Ich starrte den Jungen an, — von ihm zog es zu
mir herüber. — — Die Schachtel war jetzt voll, aber
ein Stein war übrig geblieben!

Der Junge riß die Mutter fast vom Stuhl. — Sie
hatte schon wieder von Dienstboten gesprochen und

stand auf und sagte: „Wir gehen nun zu Bett, du hast lange genug gespielt." —

Der Junge gab keinen Laut von sich, er stierte nur mit irren Augen um sich, — — — die wildeste Verzweiflung, die ich je gesehen. —

Ich wand mich in meinem Fauteuil und krampfte die Hände, — es hatte mich angesteckt.

Die beiden gingen hinaus, und ich sah, daß es draußen regnete. — — Wie lange ich noch saß, weiß ich nicht mehr. — Ich träumte von all den trüben Erlebnissen meines Lebens, — sie sahen mit schwarzen Domino-Augen einander an, als ob sie etwas Unbestimmtes suchten, und ich wollte sie in einen grünen Sarg einreihen, — — aber jedesmal waren ihrer zu viel oder zu wenig. — —

Das verdunstete Gehirn

Dem Schuster Voigt in Ehrfurcht gewidmet

Hiram Witt war ein Geisterriese und als Denker gewaltiger und tiefsinniger noch als Parmenides. Offenbar, — denn über seine Werke sprach überhaupt nicht ein einziger Europäer.

Daß es ihm schon vor zwanzig Jahren gelungen war, aus animalischen Zellen unter dem Einfluß des magnetischen Feldes und durch mechanische Rotation vollständig ausgebildete Gehirne auf Glasplatten wachsen zu lassen, — Gehirne, die, nach allem zu schließen, sogar selbständig zu denken vermochten, — hatte zwar hie und da in Zeitungen gestanden, — wissenschaftliches, tieferes Interesse aber hatte es nicht erweckt.

Derlei Dinge passen auch gar nicht in unsere Zeit. Und dann, — was sollte man in Deutsch sprechenden Ländern mit selbständig denkenden Gehirnen?!

Als Hiram Witt noch jung und ehrgeizig war, hatte er fast jede Woche ein oder zwei der von ihm mühsam erzeugten Gehirne in die großen wissenschaftlichen Institute geschickt, — man möge sie prüfen, — sich äußern über sie!

Das war denn auch gewissenhaft geschehen; — der Wahrheit die Ehre.

Man hatte die Dinger in gläsernen Dosen warm gestellt, ihnen sogar von dem berühmten Gymnasialprofessor Aurelian Fließpapier gründliche Vorträge über Häckels Welträtsel halten lassen — auf die Einmischung einer hohen Persönlichkeit hin natürlich —, aber die Resultate waren derart unerfreulicher Natur gewesen, daß man von weiteren Bildungsversuchen abzusehen sich fast gezwungen sah. Man denke nur: schon bei Einleitung des Vortrages waren die meisten Gehirne unter lautem Knall geplatzt, andere wieder hatten ein paarmal wild gezuckt, waren alsbald unauffällig krepiert und hatten dann gräßlich gestunken.

Ja, eines sogar, ein starkes lachsfarbenes Exemplar, soll sich blitzschnell umgedreht, seine gläserne Dose gesprengt haben und die Wand hinaufgeklettert sein.

Und was der große Chirurg Professor Wasenmeister über die Gehirne gesagt hatte, war auch recht abfällig gewesen.

„Ja, wenn es noch Blinddärme wären, die man herausschneiden könnte," hatte er gesagt, — „aber Gehirne!

In Gehirnen gibt es doch gar keine Blinddärme."

Die neue Erfindung war damit abgetan. — —

Das ist jetzt Jahre her.

Hiram Witt hat seitdem Gehirne nur noch an den Restaurateur Kempinski geliefert, — fünfzig Prozent billiger als die Metzger der Stadt — und mit dem Erlös sein Leben und die Kosten neuer Versuche bestritten.

Eines Tages nun saß er wieder einmal in seinem Studierzimmer, Schnebberedengsstraße Nr. 8 im dritten Stock, regungslos wie ein Steinbild, vor einer Glasscheibe, die sich in stählernen Achsensystemen mit so rasender Schnelle drehte, daß sie nur noch einem matt leuchtenden Nebel glich.

Die ganze Nacht hatte er bei dem Experimente zugebracht und mit starrem Auge den Verlauf beobachtet.

Wissen die verborgenen Kräfte der Natur den Zeitpunkt gekommen, wo sie ihr Geheimnis der Willkür des Menschen preisgeben müssen, so verschließen sie eifersüchtig mit unsichtbaren Händen die Pforten seiner Sinne vor dem Außen und verraten im kaum vernehmlichen Flüstertone der Seele den verborgenen Pflanzort ihres Wesens, ihren Namen und wie sie gerufen sein wollen und wie man sie bannt; sie hassen die müßigen Horcher, die an den Schwellen des Bewußtseins lungernden Gedanken, und da darf kein Mitwisser sein.

In solchen Augenblicken überfällt uns ein fremdartiges, lauerndes Wachsein der Innenwelt, und es ist, als hämmere sich der Puls einen neuen ungewohnten Rhythmus.

Als hätte der Atem sein eigenes Leben vergessen, drängt sich eine andere als die grobe atmosphärische Luft — ein unbekanntes, unwägbares Flüssiges — heran, unser Blut zu ernähren.

So schien seit Mitternacht Hiram Witt — ohne Atem, fast ohne Herzschlag — nichts anderes mehr wahrzunehmen, als die schimmernde gläserne Scheibe, die vor ihm — ein aus seinem Körper ausgetretener stoffgewordener Gedanke — surrend um ihre Achse wirbelte.

Die hallenden, langgestreckten Töne, die nächtlich eine schlummernde Stadt durchziehen, wie einsame fliegende Eulen, trafen sein Ohr nicht.

Und die schattenhaften Arme des Schlafdämons, wie er um die zweite und fünfte Stunde leise, leise aus dem Boden wächst, — hinter Schränken und Türen hervor hinter die Wachenden huscht, mit flaumweichen schwarzen Riesenhänden nach den noch glimmenden Funken des Bewußtseins der Wesen zu schlagen, — glitten machtlos an ihm ab.

Der tappende Morgen ging an ihm vorbei, die Sonne schob das zwergenhafte Licht seiner Lampe beiseite, — er fühlte es nicht und wußte es nicht.

Unten auf der belebten Straße die schrillenden Pfeifen und das klingende Spiel der Soldaten, die — goldbeknopft — vor sich das symbolische Ochsenhorn, die Stadt durchzogen, er hörte es nicht.

Es wurde zwölf Uhr, und die Mittagsglocken fielen brüllend über das kläffende Gassengelärm her, da endlich zuckte Hiram Witts Hand in die schwirrenden Räder und brachte das Getriebe zum Stehen.

In einer Mulde der Glasscheibe war jetzt ein kleines menschliches Gehirn sichtbar und an ihm, — wie sich der Gelehrte mit einem hastigen Blick überzeugte, — ein winziger Nervenansatz, — der Beginn, der Keim — eines Rückenmarkes!

Hiram Witt taumelte vor Erregung.

Da! Da!

Gefunden, — endlich hatte er es gefunden, — das letzte fehlende Glied in der Kette: Mathematische, rein gedankliche Größen die Achsen des Weltalls!

Nichts sonst!

Kein Rest, kein Kern mehr, um den sich die Eigenschaften scharen, bloß Gleichgewicht-gebärende Zahlen; — und ihr Verhältnis zueinander allein des Lebens einzige Wurzel. — Sichtbarkeit, Greifbarkeit, Schwere, — wie sie verschwinden! Wie Rechenfehler verschwinden! —

Gehirn verhält sich zu Rückenmark, wie die Schwerkraft zur Zentrifugalen. Das war des letzten Rätsels Lösung.

Ja, ja, wer richtig es begreift und die simpeln Handgriffe kennt, der kann es auch sichtbar machen und fühlbar, — „stofflich", wie es die Tölpel nennen.

Hiram Witt sah ganz verstört um sich, — die Brandung seiner Gedanken, die sein Inneres durchbrausten, — verwirrte ihn.

Er mußte sich orientieren, wo er eigentlich sei, und beinahe wäre er heftig erschrocken, als sein Blick auf den nackten menschlichen Körper fiel — gegenüber an der Wand, — den er mühsam durch volle zwanzig Jahre aus winzigen Zellen großgezogen, — wie man einen Gummibaum großzieht, — und der nun als erwachsenes, bewußtloses Geschöpf vor ihm stand. Hiram Witt lächelte froh: „Auch eine meiner überflüssigen Arbeiten!

Wozu überhaupt einen Körper bauen?

Kann ich nur Gehirn und Rückenmark hervorbringen, was soll mir da noch solcher Betätigungsplunder?"

Und wie der wilde Jäger ruhelos mit seinen gespenstischen Hunden vorwärts rast, so stürmte seine Seele mit krausen Gedanken in eine phantastische

Zukunft, wo er Weltenkörper aus dem Reiche des Seins werde schwinden machen können, wie ein Divisor Zahlenmassen zerstört.

———————————

———————————

Ein hundertstimmiges Hurra von der Straße herauf zerriß die Luft, Hiram Witt öffnete schnell das Fenster und blickte hinaus:

Ein Strolch mit einer Soldatenmütze und ein Pavian in Offiziersuniform waren in einer Droschke vorgefahren und musterten — umstanden von einer begeisterten Menge und einem Halbkreis in Ehrfurcht versunkener Schutzleute — die Fassade des Hauses.

— Und gleich darauf begannen die beiden, der Affe voran, den Blitzableiter hinaufzuklettern, bis sie im ersten Stock anlangten, die Scheiben zerschlugen und einstiegen.

Einige Minuten später warfen sie Kleider, Möbel und einige Handkoffer durch das Fenster auf die Straße hinab, erschienen dann wieder auf dem Sims und setzten ihre Kletterei zum zweiten Stock fort, wo sich dasselbe Schauspiel wiederholte.

Hiram Witt begriff sofort, was ihm bevorstand, und suchte rasch in seinen Taschen zusammen, was er an Geld und Geldeswert besaß.

Im selben Augenblick schwangen sich der Affe und der Strolch auch schon über die Fensterbrüstung ins Zimmer. — — —

— — „Ich bin," sagte der Strolch, „ich bin..."

„Ja, ja, ich weiß, Herr Hauptmann, Sie sind der Gauner, der gestern das Rathaus von Köpenick erobert hat," fiel ihm der Gelehrte in die Rede.

— Eine Sekunde nur war der Strolch sprachlos, dann wies er stolz auf das buntgefärbte Hinterteil des Pavians und sagte: „Dieser Herr in Uniform ist meine Legitimation, äh."

„Wahrlich, — das Gesäß, man überschätzt es heutzutage allzusehr," dachte Hiram Witt und reichte schlicht 4 Mark 50 Pfennig, eine Uhrkette aus Silber und drei goldene ausgefallene Zahnplomben hin: „Das ist alles, was ich für Sie tun kann."

Der Strolch wickelte die Beute sorgsam in Papier, steckte sie in die Tasche und schrie: „Schweinehund! Äh! Hacken zuu—samm'!"

Und während Hiram Witt gehorsam Folge leistete, schwangen sich der Pavian und der Strolch in würdevoller Haltung aus dem Fenster. — —

Unten ertönte das Hurra der Schutzleute, als man der Uniformen abermals ansichtig wurde.

Traurig setzte sich der Gelehrte wieder an seinen Experimentiertisch: „Da heißt es, schnell sechs Gehirne für Kempinski fertig machen, um den Schaden wieder einzubringen.

Übrigens halt, eines, scheint mir, ist noch von gestern übrig."

Und er holte unter dem Bett einen Teller mit einem prächtigen lebenden Gehirn hervor und stellte ihn auf den Tisch.

Setzte die Glasscheibe in Bewegung und wollte eben die Arbeit beginnen, da klopfte es energisch und gleichzeitig erschütterte dumpfes, mächtiges Dröhnen das Haus.

Hiram Witt stieß wütend seinen Sessel zurück.

„Kommt man heute denn gar nicht zur Ruhe!"

Da wurde die Türe aufgerissen, und im Stechschritt marschierte ein Off'zier, gefolgt von einigen Kanonieren, ins Zimmer:

„Äh! Sie sind der Jehirnfatzke Hiram Witt?! Äh! — Schweinehund! Stillje—stann'! Hände an die Hosennaht!"

Gehorsam richtete Hiram Witt sich auf, fuhr mit den Händen zuerst unschlüssig am Körper herum und steckte sie dann, — wie plötzlich erleuchtet, — zwischen seine Beine.

Der Off'zier zog die Schnauze schief:

„Äh! Kerl, verrückt jeworden! Hosennaht, äh, Hosennaht."

„Pardon, meine Hosen sind nämlich innen genäht;

ich bin nicht Reserveleutnant; ich weiß nicht, welche Hosennaht Sie meinen," antwortete unsicher der Gelehrte.

„Was wünschen Sie denn überhaupt von mir," wollte er weiter sprechen, „der Herr Hauptmann aus dem Rathaus war doch soeben hier; oder sollten gar Sie der Schuster Voigt aus Köpenick sein?" — aber der Offʼzier unterbrach ihn: „Hier! Ah! Lejitimaßiong."

Und Hiram Witt las:

> Lejitimaßiong.
> Ick bestätije hiemit auf Offʼziersehrenwort, daß ick Hauptmann
>   Fritz Schnipfer Edler von Zechprell
> bin.
> gez. Fritz Schnipfer Edler von Zechprell
>   Hptm. Jarde Reʼment 1000

und erkannte auf den ersten Blick an der Handschrift, daß der Schreiber sich im ersten Stadium der Gehirn=
paralyse befinde.

Er machte dem Offʼzier eine tiefe Verbeugung.

Unterdessen waren die rhythmischen Stöße, die das Haus erschütterten, immer näher gekommen, und schließlich schob eine Kanone neugierig ihr rundes Maul zur Türe herein.

Das war aber eigentlich überflüssig, denn der Gelehrte legte sowieso nicht die geringsten Zweifel mehr an den Tag, und als dem Hauptmann bei einer Handbewegung gar ein Zettel aus der Tasche fiel, auf dem deutlich zu lesen ein Rezept über Zink=
sulfat stand, wurden Hiram Witts Mienen nur noch überzeugter.

„Ah, Jehirnsaßke Witt, sechzig Jahre alt, Beruf: Individuum, wohnhaft Schnedderedengstraße 8, Sie erzeugen seit zwanzig Jahren künstliche Menschen, — wa?" inquirierte der Offʼzier, nahm seinen Helm ab und stülpte ihn achtlos über das Gehirn, das auf dem Tische lag.

Der Gelehrte verbeugte sich zustimmend.

„Wo sind se?" fragte der Off'zier weiter.

Hiram Witt zeigte auf den nackten Menschen ohne Hirn, der an der Wand lehnte.

„Is er zum Militärdienst jemeldet?"

Der Gelehrte verneinte befremdet.

„Flichtvajessna Schweinehund!" brüllte der Off'zier und gab seinen Kanonieren ein Zeichen, worauf diese sofort die Wohnung auszuräumen begannen und Stühle, Betten, Kleider, Apparate und schließlich auch den künstlichen Menschen aus dem Zimmer trugen.

„Wollen wir ihm nicht das Gehirn einfüllen, wenn er schon zum Militär soll?" fragte Hiram Witt resigniert und hob, obwohl der Off'zier verächtlich verneinte, den Helm vom Teller ab.

Was sich da nun zeigte, war derart überraschend und unheimlich, daß dem Gelehrten der Helm aus der Hand fiel.

Das Gehirn, das sich darunter befunden, war nicht mehr vorhanden, und an seiner Stelle lag —— an seiner Stelle lag — ein Maul!

Ja, ja, ein Maul.

Ein schiefes Maul mit eckig aufwärts gebogenem Schnurrbart.

Hiram Witt starrte entsetzt auf den Teller.

Ein wüster Hexentanz begann in seinem Schädel.

: So schnell also verwandelt der Einfluß eines Helmes ein Gehirn in ein Maul!!

Oder liegt die Ursache anderswo?

Hat vielleicht die scharfe metallene Helmspitze eine Art galoppierende Verdunstung eingeleitet?

So, wie z. B. der Blitzableiter ein Ausströmen der Erdelektrizität begünstigt!?

Hat die Polizei vielleicht deshalb Kugeln auf den Helmspitzen, um solche Verdunstungen aufzuhalten? Aber nein, denn dann hätte man die Folgen doch schon bemerken müssen. — Bemerken müssen. — Bemerken müssen — — —

— — Der Bürgermeister von Köpenick — — — —

— — Ein Pavian — — — — — — — —
— — Null dividiert durch Null gibt eins. Hilfe, Hilfe, der Wahnsinn. Hilfe, ich werde verrückt." — —
Und Hiram Witt schrie gellend auf, drehte sich einigemal um sich selbst und fiel dann lang hin. Aufs Gesicht.

Der Off'zier, die Mannschaft und die Kanone waren längst fort. Die Wohnung leer. — In der Ecke kauerte Hiram Witt, ein blödsinniges Lächeln auf den Lippen, und zählte rastlos an seinen Knöpfen ab: „Hauptmann Zechprell, Schuster Voigt, Schuster Voigt, Hauptmann Zechprell, echt, unecht, echt, unecht, Zinksulfat, echt, Gehirnerweichung, Hauptmann Zechprell, Schuster Voigt."

Schließlich steckte man den Ärmsten ins Irrenhaus, aber sein Wahnsinn läßt nicht nach: — an stillen Sonntagen kann man ihn singen hören:

„Von der Maas bis an die Me—he—mel,
Von der Etsch bis an den Belt,
Deutschland, Deutschland ü—ü—ber a—ha—lles,
Über alles in der Welt."

! ! !

Tut sich — macht sich — Prinzeß

„Guten Morgen," sagte das Gigerl und schob seinen gelbledernen Handkoffer auf das Tragnetz des Waggons.

„Ich hab' die Ehre" und „mein Kompliment wünsch' ich" grüßten die beiden behäbigen alten Herren, und zwar auffallend verbindlich, denn das Gigerl war sehr reich, wie jeder anständige Prager wissen mußte, und hatte außerdem etwas Undefinierbares an sich — so eine Art schreckeinflößender Sicherheit.

Nachdem natürlich kein Mensch von dem beharrlich ausgerufenen „frischen Wasser" getrunken hatte, und jene übliche Viertelstunde verflossen war, die nötig ist, um den Laien glauben zu machen, das Eisenbahnwesen sei eine Wissenschaft, setzte sich der Zug langsam in Bewegung.

Die beiden würdigen alten Herren betrachteten mißgünstig die scharfe Bügelfalte an den Hosenbeinen des neuen Passagiers.

Sie billigten solchen Tand natürlich nicht. — Ein charaktervoller Mann hat an den Knieen knollenartige Ausbuchtungen der Hosen — er trägt breitkrempige Hüte, wenn schmalkrempige modern sind, und umgekehrt. — (Die meisten Hutläden nähren sich von solchen ehrenfesten Leuten.) —

Und wie affektiert, den kleinen Finger mit einem Ring zu schmücken. — Wozu — um Gottes willen — hat man denn einen Zeigefinger! — An diesen gehört doch der Siegelring — mit den Initialen des Großvaters. —

Und gar die dumme Mode mit den schmalen Uhrketten! —

Da sieht meine schon ein bißl würdiger aus, dachte sich der Herr Baurat und sah stolz auf seinen geschmückten Bauch herab, auf dessen Mitte das anerkannt schöne und übliche Amethystberlocke baumelte.

„Können Sie mir vielleicht einen Gulden umwechseln!" fragte das Gigerl den zweiten alten Herrn, „ich muß nämlich dem Kofferträger noch schnell ein Trinkgeld hinauswerfen."

Der Herr Oberinspektor fischte zögernd sein großes Portemonnaie mit dem schweigsamen Messingmaul hervor und machte ein Gesicht, wie wenn ihn jemand um tausend Gulden angepumpt hätte. —

Beim Öffnen fielen viele Münzen heraus, unter ihnen — o weh — auch der Milchzahn der kleinen Mizzi; — die des kleinen Franzl und des Max waren — Gott sei Dank — im inneren Fach. —

Es ging aber nichts verloren, denn der junge Herr hatte Glück im Suchen und gute Augen. —

Eine ältliche Dame blieb im Wagenkorridor stehen. — Der Herr Baurat grüßte verbindlich durch die offene Türe.

„Bitt' Sie, wer ist das?" fragte der Oberinspektor neugierig.

„Die — die kennen Sie nicht? Das ist doch die Frau Syrovatka, die was die Witwe ist nach dem gottseligen Oberlandesgerichtsrat. — Sie wohnt jetzt nach seinem Tode wieder bei ihrer Familie — Sie wissen doch: Die Müllerischen von der obern Neustadt. — Ihren Papagei hat sie, hör' ich, aber weggeben müssen, damit er nicht zu viel ausplaudert vor den jungen Mädchen und so. — Na, sie wird ihn ja nicht zu sehr vermissen — sie und ihre Schwestern haben doch alles. — Bitt' Sie was, denn die, die haben's gut — das sind — das sind . . ."

„Verdammte Spießbürger," ergänzte doppelsinnig das Gigerl, schob das Kinn vor und zerrte mit dem Zeigefinger ungeduldig an dem Rande seines Stehkragens. —

Eine peinliche Stille entstand — der Baurat schwieg, der Oberinspektor spuckte verlegen zwischen seine Stiefel, und der vorlaute junge Mann sah etwas gedrückt zum Fenster hinaus, an dem die vorüberfliegenden Telegraphendrähte sich hoben und senkten.

Selbst der Zug schien den allgemeinen Druck mitzuspüren und schlug, wie um der bedenklichen Stimmung ein Ende zu bereiten, ein geradezu rasendes Tempo ein. —

Verfluchtes Gerumpel! — Die Waggons schleuderten und rasselten, die Fensterscheiben klirrten. —

Bald befanden sich die beiden Alten wieder auf den breiten Bahnen der üblichen Bürgergespräche. —

Verstehen konnte man freilich nichts, denn das Rasseln war schauderhaft.

Nur hie und da tauchten ein paar abgerissene Sätze an die Oberfläche: „Ich wäre natürlich gar nicht gefahren, wenn ich gewußt hätt, daß das Barometer gefallen ist, — der Maxl, — Quarta — Kunstgeschichte — Griechisch, — unglaublich, mit was sich der Bub alles den Kopf einnimmt." —

„Na, meine Tochter erst — nächsten Monat wird sie zwanzig — prachtvolles rotes Haar — hundsmager und hat immer so alberne Redensarten: den ganzen Tag hört man: ‚tut sich, macht sich, Prinzeß' —, ganz sinnlos — das kommt von den dummen modernen Romanen — Materlink — Gehirnerweichung — polizeilich verbieten." — — —

Den jungen Mann mußte offenbar eine tiefe Sorge plötzlich überfallen haben, denn er hatte an den Gesprächen nicht den geringsten Anteil mehr genommen, vielmehr aufmerksam das grüne baumelnde Fensterband angestarrt und schließlich ein Notizbuch herausgezogen, in dem er angestrengt rechnete.

„Der Herr von Vacca wird's gewiß wissen," störte ihn der Herr Baurat, als das Schleudern ein wenig nachließ: „Sagen Sie, bitte, wie heißt der Roman von Prévost, den sie jetzt im Sommertheater sogar aufführen?"

„Demi-vierges," antwortete das Gigerl.

„Demi-vierges, ja richtig. — Sie, Herr Oberinspektor, ich sag' Ihnen — sowas! Und das soll realistisch sein. So was gibt's ja gar nicht. Erstens kommt das in einem guten Haus nicht vor und zweitens bei uns in Prag schon gar nicht."

Das Gigerl grinste.

„Und den Helden in dem Roman versteht man überhaupt nicht. Was macht der ... der ..., wie heißt er denn g'schwind?"

„Julien de Suberceaux," half der junge Mann.

„Ja richtig, Suberceaux, — was treibt denn eigentlich der mit dem Frauenzimmer, ich versteh' das ganze nicht." —

Das Gigerl warf einen boshaften Blick auf den Sprecher.

Der eintretende Schaffner verlangte die Karten und ersparte ihm die Antwort.

„Wohin fahren eigentlich Herr von Vacca?" fragte leutselig wiederum der Herr Baurat.

„Ich? — Ich fahre nur bis Trautenau, eine ekstatische Frau ansehen. — Beglaubigter Fall." —

„No natürlich, haben Sie schon wieder so was Verrücktes! Ekstase! Ich bitt' Sie, Ekstase! — Sowas! Ein gutes G'selchtes mit Kraut und Knödeln und ein paar Glas Pilsner ist die beste Ekstase."

Pause. —

„Pilsner! Das ist halt ein Bierl," meditierte der Alte.

Das Gigerl wollte eine heftige Antwort geben, spülte sie aber im letzten Augenblick mit einem Mundvoll Zigarettenrauch hinunter. Der Herr Baurat ging ohnehin rasch auf ein anderes Thema über: „Sie sollten doch einen Leinenwandüberzug über ihren schönen Lederkoffer geben, Herr von Vacca, damit er nicht ruiniert wird." —

„Da schaffe ich mir doch lieber gleich einen Leinwandkoffer an," entgegnete der junge Mann mißlaunig, holte aber nach einer kleinen Weile ein Paket Photographien hervor, das er versöhnlich dem Alten reichte: „Interessiert Sie vielleicht sowas?"

Der Baurat rückte seine Brille zurecht und sah mit feistem Schmunzeln die Bilder durch, die er dann einzeln seinem Nachbar reichte:

„Die da, die Blonde, das ist ein strammes Mensch, — sowas zum Anhalten, ha, ha, ha." — (Der Herr Oberinspektor stimmte vergnügt in das fettige Lachen ein.) — „Aber was ist denn mit der da, die hat ja gar keinen Kopf? — das magerne Ding!" fuhr er fragend fort, schwieg aber plötzlich, — warum lächelte denn der junge Laffe gar so suffisant?

„Das!? — Das ist eine junge Dame," war die Antwort, „nach dem Körper allein — ohne den Kopf kann sie eben ein Unberufener nicht erkennen!"

Wieder entstand eine lange Pause.

Eine Wolke war vor die Sonne getreten. Graues Licht lag über den fächerförmigen Äckern; — die scharfen Schatten waren verflattert. —

Erwartungsvoll hielt die Natur den Atem an.

„Meine Älteste, die Erna, wird jetzt auch bald heiraten," platzte der Herr Baurat unvermittelt heraus.

Wieder allgemeine Stille.

Sagen Sie, halten Sie von Telepathie — Gedankenübertragung — auch nichts?" hob das Gigerl an.

„Sie meinen die neueste drahtlose Telegraphie?" fragte der Oberinspektor.

„Nein, nein, — die spontane direkte Übertragung der Gedanken von Hirn zu Hirn: — ‚Gedankenlesen' meinetwegen."

„Aber hören Sie mir mit solchen Ibsensachen auf, — so ein Unsinn," spottete der Herr Baurat, „man weiß ja in der ganzen Stadt, Sie befassen sich gerne mit derlei Kram, aber mich friegen Sie mit sowas nicht dran. Gedankenübertragung! — ha, ha, ha. — Wenn ich nicht die Bilder vorhin von Ihnen gesehen hätt, möcht' ich wahrhaftig glauben, Sie sind wirklich so ein Phantast!"

Der junge Mann knipste mit seiner Zigarettendose.

„No, und die ohne Kopf haben Sie selbst photographiert?" fragte der Oberinspektor, „no und ist die was Feines?"

Das Gigerl schwang seine Handschuhe in der Luft und gähnte: „Tut sich, — macht sich — Prinzeß."

Dem Herrn Baurat fiel die Zigarre aus der Hand: „Wa wa ... tut sich, Prinzeß, wa ... was?" —

„Na ja," sagte das Gigerl: „Das ist so eine gedankenlose Redensart von ihr." —

Ein Ruck!

Der Lederkoffer fiel dem Herrn Baurat auf den Schädel.

Es hält der Zug.

Trrr—autenau, — Trauten — au.
   Trrr—autenau.
  Fünfzehn Minuten.

Das Fieber

Alchimist: Wer bist du, trübes Ding im Glase
hier, sag an.
Der Stoff in der Retorte: Ater corvus sum.

Es war einmal ein Mann, den verdroß die Welt so sehr, daß er beschloß, im Bette liegen zu bleiben. Jedesmal, wenn er aufwachte, wälzte er sich auf die andere Seite, und so gelang es ihm, jedesmal noch ein bißchen weiterzuschlafen.

Aber eines Tages ging es durchaus nicht mehr. Es ging nicht mehr und ging nicht mehr.

Da lag der Mann im Bette und blieb ganz unbeweglich, aus Furcht, es werde ihn frösteln, wenn er seine Lage verändere.

Von seinem Kopfkissen aus war er gezwungen, durch das Fenster ins Freie zu sehen, und eben jetzt, wo er ganz ausgeschlafen war, ging es dem Sonnenuntergang zu.

Eine breite, goldgelbe Wunde klaffte quer über den Himmel unter einem dunkeln Wolkenkopf hervor.

Es geht nicht an, gerade um diese unglückselige Stunde herum aufzustehen, sagte der Mann zähneklappernd, — und fürchtete sich noch mehr vor dem Frösteln als vorher, — auch für einen, den das Leben nicht so verdrießt, wie mich.

Elend, stierte er wieder in das Abendgelb unter dem glimmenden Nebelsaum.

Eine schwarze Wolke hatte sich losgetrennt, wie ein geschwungener Flügel geformt, mit befiedertem Rand.

Da kroch langsam im Hirn des Mannes — mit den flaumigen Umrissen eines pelzigen Muffs eine

Erinnerung an einen Traum aus ihrer Höhle heraus. An einen Traum von einem Raben, der ein Herz ausgebrütet.

Und die ganze Zeit seines Schlafes über hatte er sich mit diesem Traum herumgeschlagen. Dessen war sich der Mann jetzt deutlich bewußt.

Ich muß es herausbekommen, wem dieser Flügel gehört, sagte er, stieg im Hemde aus dem Bett — und die Treppe hinunter auf die Straße. Immer weiter ging er so, immer dem Sonnenuntergang zu.

Die Leute aber, denen er begegnete, raunten: „Pst, pst, leise, leise, er träumt doch das alles bloß!"

Nur der beceibete Hostienbäcker Vrieslander glaubte sich einen Spaß machen zu dürfen. Er stellte sich ihm in den Weg, spitzte den Mund und machte runde Augen wie ein Fisch. Sein dünner Schneiderbart schien noch gespenstischer als sonst. Mit den magern Armen und Fingern machte er eine verrenkte sinnlose Geste und verdrehte die Beine ganz seltsam. „Sst, sst, nur gemach, hörst du," flüsterte er dem Manne giftig zu, „ich bin das Kichern, weißt du, das Kich..." und schnellte plötzlich das spitze Knie zur Brust empor, riß den Mund auf und wurde bleifarben im Gesicht, als habe ihn mitten in seiner tänzelnden Stellung der Tod ereilt.

Dem Manne im Hemde sträubte sich das Haar vor Grauen, und er lief aus der Stadt hinaus. — — — Über Wiesen und Stoppelfelder, immer dem Sonnenuntergange zu, und immer mit bloßen Füßen.

Zuweilen trat er auf einen Frosch.

— — — — Erst in der Nacht, als sich längst der glühende Riß am Himmel wieder geschlossen, erreichte er die weiße, langgestreckte Mauer, hinter der der Wolkenfittich verschwunden war.

Er setzte sich auf einen kleinen Hügel. Ich bin hier auf dem Friedhof, je nun, sagte er sich und sah um sich, je nun, das kann ein arger Kitsch werden. Aber ich muß doch erfahren, wem der Flügel eigentlich gehört!

Als die Nacht vorrückte, wurde ihr Schein allmählich heller, und der Mond kroch langsam über die

Mauer. Eine gewiſſe Art dämmernden Erſtaunens
legte ſich an den Himmel.

Wie der Mondglanz grell auf den Flächen ſchwamm,
ſchlüpften hinter den Grabſteinen, an den Seiten, die
dem Lichte abgewandt waren, blauſchwarze Vögel aus
der Erde und flogen lautlos in Scharen auf die kalk=
betünchte Mauer.

Dann lag eine lange Zeit eine leichenhafte Unbe=
weglichkeit auf allem.

Es iſt der dunkle Wald in der Ferne, der aus den
Nebeln taucht, natürlich, und in der Mitte der runde
Kopf: das iſt der Hügel mit ſeinen Bäumen, träumte
der Mann im Hemde, doch als ſeine Augen ſchärfer
ſahen, da war es ein rieſiger Rabe, der mit ausge=
ſpannten Schwingen auf der anderen Mauer ſaß.

Ah, der Flügel, — beſann ſich der Mann und war
ſehr zufriedengeſtellt, der Flügel — — — Und der
Vogel brüſtete ſich: „Ich bin der Rabe, der die Herzen
ausbrütet. Wenn einem Menſchen ein Sprung am
Herzen geſchieht, ſo fahren ſie ihn ſchnell heraus zu
mir." Dann flog er von der Mauer herab auf einen
Marmorſtein, und der Wind von ſeinem Flügelſchlag
roch wie verwelkte Blumen.

Unter dem Marmorſtein aber lag einer ſeit heute
morgen bei ſeiner Familie.

Der Mann im Hemde buchſtabierte einen Namen
und wurde ſehr neugierig, was für ein Vogel aus
dieſem geſprungenen Herzen kriechen werde, denn der
Verſtorbene war ein bekannter Menſchenfreund ge=
weſen, hatte ſein ganzes Leben für Aufklärung ge=
wirkt, nur Gutes getan und geſprochen, die Bibel
gereinigt und erhebende Bücher geſchrieben. Seine
Augen ſchlicht und ohne Falſch — wie Spiegeleier,
— ſtets hatten ſie Wohlwollen geſtrahlt im Leben,
und auch jetzt noch im Tode ſtand:

„Üb immer Treu und Redlichkeit
bis an dein kühles Grab
und weiche keinen Finger breit
vom Weg des Rechten ab"

in goldenen Lettern auf ſeiner Gruft.

Der Mann im Hemde war sehr gespannt. Aus dem Grabe drang leises Knistern, wie sich der junge Vogel aus dem Herzen löste, — und da flog's auch schon — pechschwarz — mit Gekrächz hinauf zu den andern auf die Mauer.

„Das war aber doch wirklich vorauszusehen; — oder? Haben Euer Liebden vielleicht ein Rebhuhn erwartet?" spottete der Rabe.

„Etwas Weißes hat er doch," sagte der Mann verbissen und meinte damit eine leichte helle Feder, die deutlich abstand.

Der Rabe lachte. „Der Gänseflaum? — Der ist doch nur angeklebt. Vom Daunenkissen, worauf der Tote immer schlief!" und weiter flog er von Grab zu Grab und brütete da und brütete dort, und überall wurde es flügge und kam schwarz aus dem Boden geflattert.

„Alle, alle sind sie schwarz?" fragte der Mann beklommen nach einer Weile.

„Alle, alle sind sie schwarz!" brummte der Rabe.

Da bereute der Mann im Hemde, daß er nicht in seinem Bette geblieben war.

Und wie er empor zum Himmel blickte, standen die Sterne voll Tränen und blinzelten. Nur der Mond glotzte vor sich hin und begriff nicht.

Auf einem Kreuz aber saß mit einemmal regungslos ein Rabe, der glänzte schneeweiß. Und es schien, als käme all der Schimmer der Nacht von ihm. Der Mann sah ihn erst, als er zufällig den Kopf nach ihm wandte. Auf dem Kreuz die Inschrift nannte den Namen eines, der war ein Müßiggänger gewesen ein Leben lang.

Der Mann im Hemde kannte ihn gut. Und er sann lange nach.

„Welche Tat hat denn sein Herz so weiß gemacht?" fragte er endlich.

Der schwarze Rabe aber war mürrisch und mühte sich unablässig, über seinen eigenen Schatten zu springen.

„Welche Tat, welche Tat, welche Tat?" quälte der Mann ruhelos.

Da fuhr der Rabe zornig auf: „Glaubst du, Taten können weiß machen?, Du... Du... kannst ja nicht einmal eine Tat tun! — Eher spränge ich noch über meinen Schatten. Der morsche Hampelmann auf dem kleinen Grab — siehst du ihn?, er gehörte einst dem Kinde dort unten — der morsche Hampelmann glaubte auch eine lange Zeit, er fuchtle in der Welt herum. Weil er die Schnüre nicht sah, an denen er hing, und es nicht wahr haben wollte, daß ein Kind mit ihm spiele. Und du!? Und du!? Was glaubst du wohl, wird mit dir sein, wenn das — — ‚Kind‘ ein anderes Spielzeug sucht!; — Wirst alle viere von dir strecken und ver...‟, der Rabe blinzelte listig zur Mauer hin, — „und ver — — —‟

„— — —=recken!‟ krächzte die Rabenschar, fröhlich, daß sie auch einmal dran kam.

Da erschrak der Mann im Hemde ganz außerordentlich.

„Und was denn sonst hat sein Herz so weiß gemacht? Hörst du denn nicht, — was denn sonst hat sein Herz so weiß gemacht?‟ fragte er.

Unschlüssig trat der Rabe von einem Bein aufs andere: Es muß wohl die Sehnsucht gewesen sein. Die Sehnsucht nach etwas Verborgenem, das ich nicht kenne und auf der Erde nirgends gefunden habe. Wir alle sahen seine Sehnsucht wachsen wie ein Feuer und begriffen es nicht; — es verbrannte sein Blut und endlich sein Hirn — — wir begriffen es nicht — —‟

Den Mann im Hemde faßte es eiskalt an: — — — Es Schien Das Licht In Der Finsternis, Und Die Finsternisse Haben Es Nicht Begriffen — —!

— — — „ja, wir begriffen es nicht,‟ fuhr der Rabe fort, „doch einer der gigantischen schimmernden Vögel, die im Weltenraume unbeweglich schweben seit Anbeginn, erspähte die flammende Lohe und stieß herab. — Wie Weißglut. Und Er hat auf jenes Menschen Herz gebrütet Nacht um Nacht.‟

Scharfe Bilder traten dem Mann im Hemde vor das Auge, Bilder, die in seinem Gedächtnis nicht

hatten sterben können, — Geschehnisse im Schicksal
des Müßiggängers, die immer noch von Mund zu
Mund gingen unter den Leuten: — Er sah jenen
Menschen unter dem Galgen stehen — — der Henker
zog ihm die leinene Maske übers Gesicht — — die
Feder, die das Brett unter den Füßen des armen
Sünders kippen sollte, weigerte sich, — da führten
sie ihn weg und rückten das Brett zurecht.

Und wieder ordnete der Henker die leinene Maske
— — und wieder versagte die Feder. Und als nach
einem Monat abermals der Mensch dort stand, die
leinene Maske über den Augen, — — da brach die
Feder.

Die Richter aber ergrimmten und bissen die Zähne
zusammen über — — den Zimmermann, der den
Galgen so schlecht gezimmert hatte.

Dann verschwand die Vision. —

„Und was ist aus dem Menschen geworden?"
fragte voll Grauen der Mann im Hemde.

„Ich habe sein Fleisch gefressen und seine Gebeine,
die Erde ist kleiner geworden um das Stück, das sein
Leib groß war," sagte der weiße Rabe.

„Ja, ja," flüsterte der schwarze, „sein Sarg ist
leer, er hat das Grab betrogen."

— — Das hörte der Mann, und sein Haar sträubte
sich, er zerriß sein Hemd über der Brust und lief hin
zu dem weißen Vogel, der auf dem Kreuze saß: „Brüte
mein Herz, brüte mein Herz! Mein Herz ist voll Sehn=
sucht — — —!"

Doch der schwarze Rabe warf ihn mit den
Schwingen zur Erde und setzte sich schwer auf ihn
— — die Luft roch nach sterbenden Blumen — —
„Daß Euer Liebden nur nicht irren: Gier und nicht
Sehnsucht schläft in Euer Liebden Herz! Ja, das
möchte mancher gerne probieren vor dem Kre — — —
—," listig blinzelte er zur Mauer hin, „— vor dem
Kre — — —?"

„— — —pieren!" pfiff die Rabenschar, entzückt,
daß sie schon wieder dran kam.

— Die Hitze seines Leibes ist fremdartig und erregend wie das Fieber, fühlte der Mann, dann zerflatterte sein Bewußtsein.

Als er nach langem Schlaf erwachte, da stand der Mond gerade im Zenith und starrte ihm ins Gesicht.

Der Glanz hatte die Schatten getrunken und troff an den Steinen herab von allen Seiten.

Die schwarzen Raben waren fortgeflogen.

Noch hatte der Mann ihr hämisches Gekrächz in den Ohren und verdrossen stieg er über die Mauer in sein Bett.

Schon stand da auch im schwarzen Rock der Herr Medizinalrat, faßte seinen Puls, schloß die Augen hinter der goldenen Brille und babbelte lang und unhörbar mit der Unterlippe. Suchte dann umständlich in seinem Taschenbuch und schrieb auf einen Zettel heraus:

Rp:

Cort. chin. reg. rud. tus . . . . ʒβ
coque c. suff. quant. vini rubri, per horam j
ad colat . . . . ʒviij
cum hac inf. herb. abs.. . ʒj
    postea solve
acet. lix . . . ʒj
    tunc adde
syr. cort. aur . ʒβ
  M. d. ad
  vitr. s.
3 mal täglich ein Eßlöffel.

Und als er damit fertig war, schritt er mit Weihe zur Türe, sah noch einmal zurück und sagte geheimnisvoll, den Zeigefinger würdig erhoben:

„Gógón das Fübór, gógón das Fübór."

Der heiße Soldat

Es war keine Kleinigkeit für die Militärärzte gewesen, alle die verwundeten Fremdenlegionäre zu verbinden. — Die Annamiten hatten schlechte Gewehre und die Flintenkugeln waren fast immer in den Leibern der armen Soldaten stecken geblieben. —

Die medizinische Wissenschaft hatte in den letzten Jahren große Fortschritte gemacht, das wußten selbst diejenigen, die nicht lesen und schreiben konnten, und sie unterwarfen sich, zumal ihnen nichts anderes übrig blieb, willig allen Operationen.

Zwar starben die meisten, aber immer erst nach der Operation, und auch dann nur, weil die Kugeln der Annamiten offenbar vor dem Schuß nicht aseptisch behandelt worden waren, oder auf ihrem Wege durch die Luft gesundheitsschädliche Bakterien mitgerissen hatten.

Die Berichte des Professors Mostschädel, der sich aus wissenschaftlichen Motiven, und von der Regierung bestätigt, der Fremdenlegion angeschlossen hatte, ließen keinen Zweifel daran zu. —

Seinen energischen Anordnungen war es auch zu danken, daß die Soldaten wie auch die Eingebornen im Dorfe nur noch im Flüstertone von den Wunderheilungen des frommen indischen Büßers Muckhopadaya sprachen. — — —

Als letzter Verwundeter wurde lange nach dem Scharmützel der Soldat Wenzel Zavadil, ein gebürtiger Böhme, von zwei annamitischen Weibern in das Lazarett getragen. Befragt, woher sie jetzt so spät noch kämen, erzählten sie, daß sie Zavadil wie tot vor der Hütte des Mukhopadaya liegend gefunden und sodann getrachtet hätten, ihn durch Einflößen einer opalisierenden Flüssigkeit — das einzige, was in der verlassenen Hütte des Fakirs zu finden gewesen war — wieder zum Leben zurückzubringen.

Der Arzt konnte keine Wunde finden und bekam auf sein Befragen von dem Patienten nur ein wildes Knurren zur Antwort, das er für die Laute eines slawischen Dialektes hielt.

Für alle Fälle verordnete er ein Klystier und ging in das Offizierszelt. — — —

Ärzte und Offiziere unterhielten sich ausgezeichnet; das kurze, aber blutige Scharmützel hatte Leben in das alte Einerlei gebracht.

Mostschädel hatte eben einige anerkennende Worte über Professor Charkot — um die anwesenden französischen Kollegen sein deutsches Übergewicht nicht allzu schmerzlich fühlen zu lassen — beendet, als die indische Pflegerin vom roten Kreuz am Zelteingang erschien und in gebrochenem Französisch meldete:

„Sergeant Henry Serpollet tot, Trompeter Wenzel Zavadil 41,2 Grad Fieber."

„Intrigantes Volk, diese Slawen," murmelte der Wache habende Arzt, „der Kerl hat Fieber und doch keine Verwundung!"

Die Wärterin erhielt die Weisung, dem Soldaten, natürlich dem lebendigen, drei Gramm Chinin in den Schlund zu stopfen, und entfernte sich. — — —

Professor Mostschädel hatte die letzten Worte aufgefangen und machte sie zum Ausgangspunkte einer längeren gelehrten Rede, in der er die Wissenschaft Triumphe feiern ließ, die es verstanden hatte, das gute Chinin in den Händen von Laien zu entdecken, die in der Natur, der blinden Henne gleich, auf dieses Heilmittel gestoßen waren.

Er war von diesem Thema auf die spastische Spinalparalyse übergegangen und die Augen seiner Zuhörer begannen bereits gläsern zu werden, als wiederum die Wärterin mit der Meldung erschien:

„Trompeter Wenzel Zavadil 49 Grad Fieber, bitte um ein längeres Thermometer." — — —

„Also demnach schon längst tot," sagte lächelnd der Professor. —

Der Stabsarzt stand langsam auf und näherte sich mit drohender Miene der Wärterin, die sofort einen Schritt zurückwich. — „Sie sehen, meine Herren," erklärte er daraufhin zu den übrigen Ärzten, „das Weib ist ebenfalls hysterisch, wie der Soldat Zavadil; — — — Duplizität der Fälle!" — — —

Hierauf legten sich alle zur Ruhe. —

„Der Herr Stabsarzt läßt dringend bitten," schnarrte der Meldereiter den noch sehr verschlafenen Gelehrten an, als kaum die ersten Sonnenstrahlen den Saum der nahen Hügel färbten.

Alles blickte erwartungsvoll auf den Professor, der sich augenblicklich an das Bett Zavadils begab.

„54 Grad Réaumur Blutwärme, unglaublich," stöhnte der Stabsarzt.

Mostschädel lächelte ungläubig, zog aber entsetzt seine Hand zurück, als er sich an der Stirne des Kranken tatsächlich verbrannte.

„Nehmen Sie die Vorgeschichte der Krankheit auf," sagte er zögernd nach längerem peinlichem Schweigen zum Stabsarzt.

„Nehmen Sie doch die Vorgeschichte der Krankheit auf und stehen Sie nicht so unentschlossen herum!" schrie der Stabsarzt den jüngsten der Ärzte an.

„Bhagavan Sri Mukhopadaya wüßte vielleicht..." wagte die indische Wärterin zu beginnen.

„Reden Sie, wenn Sie gefragt werden," unterbrach sie der Stabsarzt.

„Immer der alte verdammte Aberglauben," fuhr er, zu Mostschädel gewendet, fort.

„Der Laie denkt immer an das Nebensächliche," begütigte der Professor. — „Senden Sie mir nur den Bericht, ich habe jetzt dringend zu tun." — —

„Nun, junger Freund, was haben Sie eruiert,"

fragte der Gelehrte den Subalternarzt, hinter dem sich eine Menge Offiziere und Ärzte wißbegierig in das Zimmer drängten.

„Die Temperatur ist inzwischen auf 80 Grad gestiegen ..."

Der Professor machte eine ungeduldige abwehrende Bewegung: Nun?

„Patient machte vor zehn Jahren einen Typhus durch, vor zwölf Jahren eine leichte Diphtheritis; Vater an Schädelbruch gestorben, Mutter an Gehirnerschütterung; Großvater an Schädelbruch, Großmutter an Gehirnerschütterung! — Der Patient und seine Familie stammen nämlich aus Böhmen," fügte der Subalternarzt erklärend hinzu. „Befund, Temperatur ausgenommen, normal, — Abdominalfunktionen sämtlich träge, — Verwundung, außer leichten Kontusionen am Hinterkopf, nicht auffindbar. — Patient soll angeblich in der Hütte des Fakirs Mukhopadaya mit einer opalisierenden Flüssigkeit ..."

„Zur Sache, nicht in das Unwesentliche abschweifen, junger Freund," ermahnte gütig der Professor und fuhr, seinen Gästen mit einer einladenden Handbewegung die umherstehenden Bambuskoffer und Stühle als Sitze anbietend, fort:

„Es handelt sich hier, meine Herren, wie ich schon heute früh auf den ersten Blick erkannte, Ihnen aber nur andeutete, damit Sie selber Gelegenheit fänden, den richtigen Weg zur Diagnose einzuschlagen, um einen nicht allzuhäufigen Fall von spontaner Temperaturerhöhung infolge einer Verletzung des Thermalzentrums, — [mit einer leicht geringschätzigen Miene zu den Offizieren und Laien:] „des Zentrums im Gehirn, das die Temperaturschwankungen des Körpers vermittelt" — auf Basis erblicher und akquirierter Belastung. — Wenn wir ferner die Schädelbildung des Subjektes — — —"

Hornsignale der Ortsfeuerwehr, die aus einigen invaliden Soldaten und chinesischen Kulis bestand,

drangen Schrecken verkündend vom Missionargebäude
herüber und ließen den Redner verstummen. —

Alle stürzten ins Freie; der anwesende Oberst voran.

Vom Lazaretthügel herab zum See der Göttin Parvati raste, einer lebenden Fackel gleich, gefolgt von
einer schreienden und gestikulierenden Menge, der
Trompeter Wenzel Zavadil in brennende Fetzen gehüllt.

Knapp vor dem Missionshause empfing den Armen
die chinesische Feuerwehr mit einem armdicken
Wasserstrahl, der ihn zwar zu Boden warf, sich aber
fast gleichzeitig in eine Dampfwolke verwandelte. —
— — Die Hitze des Trompeters hatte sich im Lazarett
zuletzt derart gesteigert, daß die neben ihm stehenden
Gegenstände zu verkohlen angefangen hatten und die
Wärter schließlich gezwungen waren, Zavadil mit
Eisenstangen aus dem Hause zu scheuchen; die Fuß-
böden und Treppen wiesen seine eingebrannten Fuß-
stapfen, als ob der Teufel dort spazieren gegangen
wäre. —

Jetzt lag Zavadil nackt, — die letzten Fetzen hatte
der Wasserstrahl fortgerissen — auf dem Vorhofe des
Missionsgebäudes, dampfte wie ein Bügeleisen und
schämte sich seiner Blöße. — — —

Ein findiger Jesuitenpater warf ihm einen alten
Asbestanzug, der einmal einem Lavaarbeiter gehört
hatte, vom Balkon zu, in den sich Zavadil unter
Dankesworten hüllte. — — —

„Wie, um Gottes willen, soll man sich aber er-
klären, daß der Kerl nicht selbst gänzlich zu Asche
verbrennt?" fragte der Oberst den Professor Mostschädel. —

„Ich bewunderte stets Ihre strategischen Talente,
Herr Oberst," entgegnete der Gelehrte indigniert,
„aber was die medizinische Wissenschaft anbetrifft, so
müssen Sie diese schon uns Ärzten überlassen. — Wir
müssen uns an die gegebenen Tatsachen halten, und
diese aus den Augen zu lassen, liegt für uns keinerlei
Indikation vor!" —

Die Ärzte freuten sich der klaren Diagnose, und abends traf man immer wieder im Zelte des Kapitäns zusammen, wo es dann stets lustig herging.

Von Wenzel Zavadil sprachen nur noch die Annamiten; — zuweilen sah man ihn am andern Ufer des Sees beim Steintempel der Göttin Parvati sitzen, und die Knöpfe seines Asbestanzuges erstrahlten in Rotglut. — —

Die Priester des Tempels sollten ihr Geflügel an ihm braten, hieß es; andere sagten wiederum, er sei bereits im Abkühlen begriffen und gedenke, schon mit 50 Grad in seine Heimat zurückzukehren.

Die Pflanzen des Dr. Cinderella

Siehst du, dort die kleine schwarze Bronze zwischen den Leuchtern ist die Ursache aller meiner sonderbaren Erlebnisse in den letzten Jahren.

Wie Kettenglieder hängen diese gespenstischen Beunruhigungen, die mir die Lebenskraft aussaugen, zusammen, und verfolge ich die Kette zurück in die Vergangenheit, immer ist der Ausgangspunkt derselbe: Die Bronze.

Lüge ich mir auch andere Ursachen vor, — immer wieder taucht sie auf wie der Meilenstein am Wege.

Und wohin dieser Weg führen mag, ob zum Licht der Erkenntnis, ob weiter zu immer wachsendem Entsetzen, ich will es nicht wissen und mich nur an die kurzen Rasttage klammern, die mir mein Verhängnis frei läßt bis zur nächsten Erschütterung.

In Theben habe ich sie aus dem Wüstensande gegraben, — die Statuette, — so ganz zufällig mit dem Stock, und von dem ersten Augenblick an, wo ich sie genauer betrachtete, war ich von der krankhaften Neugier befallen, zu ergründen, was sie denn eigentlich bedeute. — Ich bin doch sonst nie so wissensdurstig gewesen!

Anfangs fragte ich alle möglichen Forscher, aber ohne Erfolg.

Nur ein alter arabischer Sammler schien zu ahnen, um was es sich handle.

„Die Nachbildung einer ägyptischen Hieroglyphe," meinte er; und die sonderbare Armstellung der Figur müsse irgendeinen unbekannten ekstatischen Zustand bedeuten

Ich nahm die Bronze mit nach Europa, und fast
kein Abend verging, an dem ich mich nicht sinnend
über ihre geheimnisvolle Bedeutung in die seltsamsten
Gedankengänge verloren hätte.

Ein unheimliches Gefühl überkam mich oft dabei:
ich grüble da an etwas Giftigem — Bösartigem, das
sich mit hämischem Behagen von mir aus dem Banne
der Leblosigkeit losschälen lasse, um sich später wie
eine unheilbare Krankheit an mir festzusaugen und
der dunkle Tyrann meines Lebens zu bleiben. Und
eines Tages bei einer ganz nebensächlichen Handlung
schoß mir der Gedanke, der mir das Rätsel löste, mit
solcher Wucht und so unerwartet durch den Kopf, daß
ich zusammenfuhr.

Solch blitzartige Einfälle sind wie Meteorsteine in
unserem Innenleben. Wir kennen nicht ihr Woher,
wir sehen nur ihr Weißglühen und ihren Fall. — —

Fast ist es wie ein Furchtgefühl — — dann — —
ein leises — — so — so, als sei jemand Fremder
— — — — — — Was wollte ich doch nur sagen?! —
Verzeih, ich werde manchmal so seltsam geistesabwesend,
seitdem ich mein linkes Bein gelähmt nachziehen muß;
— — ja, also die Antwort auf mein Grübeln lag
plötzlich nackt vor mir: — Nachahmen!

Und als hätte dieses Wort eine Wand eingedrückt,
so schossen die Sturzwellen der Erkenntnis in mir
auf, daß das allein der Schlüssel ist zu allen Rätseln
unseres Daseins.

Ein heimliches automatisches Nachahmen, ein un=
bewußtes, rastloses, — der verborgene Lenker aller
Wesen!!

Ein allmächtiger geheimnisvoller Lenker, — ein
Lotse mit einer Maske vor dem Gesicht, der schwei=
gend bei Morgengrauen das Schiff des Lebens betritt.
Der aus jenen Abgründen stammt, dahin unsere Seele
wandern mag, wenn der Tiefschlaf die Tore des Tages
verschlossen! Und vielleicht steht tief dort unten in den
Schluchten des körperlosen Seins das Erzbild eines
Dämons errichtet, der da will, daß wir ihm gleich
seien und sein Ebenbild werden — — —

Und dieses Wort „nachahmen!" dieser kurze Zuruf von „irgendwoher" wurde mir ein Weg, den ich augenblicklich betrat. Ich stellte mich hin, hob beide Arme über den Kopf, so wie die Statue, und senkte die Finger, bis ich mit den Nägeln meinen Scheitel berührte.

Doch nichts geschah.

Keine Veränderung innen und außen.

Um keinen Fehler in der Stellung zu machen, sah ich die Figur genauer an und bemerkte, daß ihre Augen geschlossen und wie schlafend waren.

Da wußte ich genug, brach die Übung ab und wartete, bis es Nacht wurde. Stellte dann die tickenden Uhren ab und legte mich nieder, die Arm- und Handstellungen wiederholend.

Einige Minuten verstrichen so, aber ich kann nicht glauben, daß ich eingeschlafen wäre.

Plötzlich war mir, als käme ein hallendes Geräusch aus meinem Inneren empor, wie wenn ein großer Stein in die Tiefe rollt.

Und als ob mein Bewußtsein ihm nach eine ungeheure Treppe hinabfiele — zwei, vier, acht, immer mehr und mehr Stufen überspringend, — so verfiel ruckweise meine Erinnerung an das Leben, und das Gespenst des Scheintodes legte sich über mich.

Was dann eintrat, das werde ich nicht sagen, das sagt keiner.

Wohl lacht man darüber, daß die Ägypter und Chaldäer ein magisches Geheimnis gehabt haben sollen, behütet von Uräusschlangen, das unter Tausenden Eingeweihter auch nicht ein einziger je verraten hätte.

Es gibt keine Eide, meinen wir, die so fest binden!

Auch ich dachte einst so, in jenem Augenblicke aber begriff ich alles.

Es ist kein Vorkommnis aus menschlicher Erfahrung, in dem die Wahrnehmungen hintereinander liegen, und kein Eid bindet die Zunge, nur der bloße Gedanke einer Andeutung dieser Dinge hier — hier im Diesseits — und schon zielen die Vipern des Lebens nach deinem Herzen.

Darum wird das große Geheimnis verschwiegen, weil es sich selbst verschweigt, und wird ein Geheimnis bleiben, solange die Welt steht.

Aber all das hängt nur nebensächlich zusammen mit dem versengenden Schlag, von dem ich nie mehr gesunden kann. Auch das äußere Schicksal eines Menschen gerät in andere Bahnen, durchbricht sein Bewußtsein nur einen Augenblick die Schranken irdischer Erkenntnis.

Eine Tatsache, für die ich ein lebendes Beispiel bin.

Seit jener Nacht, in der ich aus meinem Körper trat, ich kann es kaum anders nennen, hat sich die Flugbahn meines Lebens geändert, und mein früher so gemächliches Dasein kreist jetzt von einem rätselhaften, grauenerregenden Erlebnis zum andern — irgendeinem dunklen, unbekannten Ziele zu.

Es ist, als ob eine teuflische Hand mir in immer kürzer werdenden Pausen immer weniger Erholung zumißt und Schreckbilder in den Lebensweg schiebt, die von Fall zu Fall an Furchtbarkeit wachsen. Wie um eine neue, unbekannte Art Wahnsinn in mir zu erzeugen — langsam und mit äußerster Vorsicht — eine Wahnsinnsform, die kein Außenstehender merken und ahnen kann, und deren sich nur ein von ihr Befallener in namenloser Qual bewußt ist.

In den nächsten Tagen schon nach jenem Versuch mit der Hieroglyphe traten Wahrnehmungen bei mir auf, die ich anfangs für Sinnestäuschungen hielt. Seltsam sausende oder schrillende Nebentöne hörte ich den Lärm des Alltags durchqueren, sah schimmernde Farben, die ich nie gekannt. — Rätselhafte Wesen tauchten vor mir auf, ungehört und ungefühlt von den Menschen, und vollführten in schemenhaftem Dämmer unbegreifliche und planlose Handlungen.

So konnten sie ihre Form ändern und plötzlich wie tot daliegen; glitschten dann wieder wie lange Schleimseile an den Regenrinnen herab oder hockten wie ermattet in blödsinniger Stumpfheit in dunklen Hausfluren.

Dieser Zustand von Überwachsein bei mir hält nicht an, — er wächst und schwindet wie der Mond.

Der stetige Verfall jedoch des Interesses an der Menschheit, deren Wünschen und Hoffen nur noch wie aus weiter Ferne zu mir bringt, sagt mir, daß meine Seele beständig auf einer dunklen Reise ist — fort, weit fort vom Menschentum.

Anfangs ließ ich mich von den flüsternden Ahnungen leiten, die mich erfüllten, — jetzt — bin ich wie ein angeschirrtes Pferd und muß die Wege gehen, auf die es mich zwingt.

Und siehst du, eines Nachts, da riß es mich wieder auf und trieb mich, planlos durch die stillen Gassen der Kleinseite zu gehen um des phantastischen Eindruckes willen, den die altertümlichen Häuser erzeugen.

Es ist unheimlich in diesem Stadtviertel wie nirgends auf der Welt.

Nie ist Helle und nie ganz Nacht.

Irgend ein matter, trüber Schein kommt von irgendwo, wie phosphoreszierender Dunst sickert es vom Hradschin auf die Dächer herab.

Man biegt in eine Gasse und sieht nur totes Dunkel, da sticht aus einer Fensterritze ein gespenstischer Lichtstrahl plötzlich wie eine lange boshafte Nadel einem in die Pupillen.

Aus dem Nebel taucht ein Haus, — mit abgebrochenen Schultern und zurückweichender Stirn und glotzt besinnungslos aus leeren Dachluken zum Nachthimmel auf wie ein verendetes Tier.

Daneben eines reckt sich, gierig mit glimmernden Fenstern auf den Grund des Brunnens da unten zu schielen, ob das Kind des Goldschmiedes noch darinnen, das vor hundert Jahren ertrank. Und geht man weiter über die buckligen Pflastersteine und sieht sich plötzlich um, da möchte man wetten, es habe einem ein schwammiges, fahles Gesicht aus der Ecke nachgestarrt, — nicht in Schulterhöhe — nein, ganz tief unten, wo nur große Hunde die Köpfe haben könnten. — — — —

Kein Mensch ging auf den Straßen.

Totenstille.

Die uralten Haustore bissen schweigend ihre Lippen zusammen.

Ich bog in die Thunsche Gasse, wo das Palais der Gräfin Morzin steht.

Da kauerte im Dunst ein schmales Haus, nur zwei Fenster breit, ein hektisches, bösartiges Gemäuer; dort hielt es mich fest, und ich fühlte den gewissen überwachen Zustand kommen.

In solchen Fällen handle ich blitzschnell wie unter fremdem Willen und weiß kaum, was mir die nächste Sekunde befiehlt.

So drückte ich hier gegen die nur angelehnte Türe und schritt durch einen Gang eine Treppe in den Keller hinab, als ob ich in das Haus gehöre.

Unten ließ der unsichtbare Zügel, der mich führt wie ein unfreies Tier, wieder nach, und ich stand da in der Finsternis mit dem quälenden Bewußtsein einer Handlung, vollbracht ohne Zweck.

Warum war ich hinuntergegangen, warum hatte ich nicht einmal den Gedanken gefaßt, solch sinnlosen Einfällen Halt zu gebieten?! Ich war krank, offenbar krank, und ich freute mich, daß nichts anderes, nicht die unheimliche rätselhafte Hand im Spiele war.

Doch im nächsten Moment wurde mir klar, daß ich die Türe geöffnet, — das Haus betreten hatte, die Treppe hinabgestiegen war, ohne nur ein einziges Mal anzustoßen, ganz wie jemand, der Schritt und Tritt genau kennt, und meine Hoffnung war schnell zu Ende.

Allmählich gewöhnte sich mein Auge an die Finsternis, und ich blickte umher.

Dort auf einer Stufe der Kellertreppe saß jemand.
— Daß ich ihn nicht gestreift hatte im Vorbeigehen?!

Ich sah die zusammengekrümmte Gestalt ganz verschwommen im Dunkel.

Einen schwarzen Bart über einer entblößten Brust.
— Auch die Arme waren nackt.

Nur die Beine schienen in Hosen oder einem Tuch zu stecken.

Die Hände hatten etwas Schreckhaftes in ihrer

Lage; — sie waren so merkwürdig abgebogen, fast rechtwinklig zu den Gelenken.

Lange starrte ich den Mann an.

Er war so leichenhaft unbeweglich, daß mir war, als hätten sich seine Umrisse in den dunklen Hintergrund eingefressen, und als müßten sie so bleiben bis zum Verfall des Hauses.

Mir wurde kalt vor Grauen, und ich schlich den Gang weiter, seiner Krümmung entlang.

Einmal faßte ich nach der Mauer und griff dabei in ein splitteriges Holzgitter, wie man es verwendet, um Schlingpflanzen zu ziehen. Es schienen auch solche in großer Menge daran zu wachsen, denn ich blieb fast hängen in einem Netz stengelartigen Geranks.

Das Unbegreifliche war nur, daß sich diese Pflanzen, oder was es sonst sein mochte, blutwarm und strotzend anfühlten und überhaupt einen ganz animalischen Eindruck auf den Tastsinn machten.

Ich griff noch einmal hin, um erschreckt zurückzufahren: ich hatte diesmal einen kugeligen, nußgroßen Gegenstand berührt, der sich kalt anfühlte und sofort wegschnellte. War es ein Käfer?

In diesem Moment flackerte ein Licht irgendwo auf und erhellte eine Sekunde lang die Wand vor mir.

Was ich je an Furcht und Grauen empfunden, war nichts gegen diesen Augenblick.

Jede Fiber meines Körpers brüllte auf in unbeschreiblichem Entsetzen.

Ein stummer Schrei bei gelähmten Stimmbändern, der durch den ganzen Menschen fährt wie Eiseskälte.

Mit einem Rankennetz blutroter Adern, aus dem wie Beeren Hunderte von glotzenden Augen hervorquollen, war die Mauer bis zur Decke überzogen.

Das eine, in das ich soeben gegriffen, schnellte noch in zuckender Bewegung hin und her und schielte mich bösartig an.

Ich fühlte, daß ich zusammenbrechen werde, und stürzte zwei, drei Schritte in die Finsternis hinein; eine Wolke von Gerüchen, die etwas Feistes, Humus=

artiges wie von Schwämmen und Ailanthus hatten, drang mir entgegen.

Meine Knie wankten, und ich schlug wild um mich. Da glomm es vor mir auf wie ein kleiner glühender Ring: der erlöschende Docht einer Öllampe, die im nächsten Augenblick noch einmal aufblakte.

Ich sprang darauf zu und schraubte den Docht mit bebenden Fingern hoch, so daß ich ein kleines rußendes Flämmchen noch retten konnte.

Dann mit einem Ruck drehte ich mich um, wie zum Schutz die Lampe vorstreckend.

Der Raum war leer.

Auf dem Tisch, auf dem die Lampe gestanden, lag ein länglicher, blitzender Gegenstand.

Meine Hand fuhr danach wie nach einer Waffe.

Doch war es bloß ein leichtes, rauhes Ding, das ich faßte.

Nichts rührte sich, und ich stöhnte erleichtert auf. Vorsichtig, die Flamme nicht zu verlöschen, leuchtete ich die Mauern entlang. Überall dieselben Holzspaliere und, wie ich jetzt deutlich sah, durchrankt von offenbar zusammengestückelten Adern, in denen Blut pulsierte.

Grausig glitzerten dazwischen zahllose Augäpfel, die in Abwechslung mit scheußlichen, brombeerartigen Knollen hervorsproßten und mir langsam mit den Blicken folgten, wie ich vorbeiging. — Augen aller Größen und Farben. — Von der klarschimmernden Iris bis zum hellblauen toten Pferdeauge, das unbeweglich aufwärts steht.

Manche, runzelig und schwarz geworden, glichen verdorrten Tollkirschen.

Die Hauptstämme der Adern rankten sich aus blutgefüllten Phiolen empor, aus ihnen kraft eines unbekannten Prozesses ihren Saft ziehend.

Ich stieß auf Schalen — gefüllt mit weißlichen Fettbrocken, aus denen Fliegenpilze, mit einer glasigen Haut überzogen, emporwuchsen. — Pilze aus rotem Fleisch, die bei jeder Berührung zusammenzuckten.

Und alles schienen Teile, aus lebenden Körpern entnommen, mit unbegreiflicher Kunst zusammengefügt, ihrer menschlichen Beseelung beraubt, und auf rein vegetatives Wachstum heruntergedrückt.

Daß Leben in ihnen war, erkannte ich deutlich, wenn ich die Augen näher beleuchtete und sah, wie sich sofort die Pupillen zusammenzogen. — Wer mochte der teuflische Gärtner sein, der diese grauenhafte Zucht angelegt!

Ich erinnerte mich des Menschen auf der Kellerstiege.

Instinktiv griff ich in die Tasche nach irgendeiner Waffe, da fühlte ich den rissigen Gegenstand, den ich vorhin eingesteckt. — Er glitzerte trüb und schuppig, — ein Tannenzapfen aus rostigen Menschennägeln!

Schaudernd ließ ich ihn fallen und biß die Zähne zusammen: nur hinaus, hinaus, und wenn der Mensch auf der Treppe aufwachen und über mich herfallen sollte!

Und schon war ich bei ihm und wollte mich auf ihn stürzen, da sah ich, daß er tot war, — wachsgelb.

Aus den verrenkten Händen — die Nägel ausgerissen. Kleine Messerschnitte an Brust und Schläfen zeigten, daß er seziert worden war.

Ich wollte an ihm vorbei und habe ihn, glaube ich, mit der Hand gestreift. — Im selben Augenblick schien er zwei Stufen herunter auf mich zuzurutschen, stand plötzlich aufrecht da, die Arme nach oben gebogen, die Hände zum Scheitel.

Wie die ägyptische Hieroglyphe, dieselbe Stellung — dieselbe Stellung!

Ich weiß nur noch, daß die Lampe zerschellte, daß ich die Haustür aufwarf und fühlte, wie der Dämon des Starrkrampfes mein zuckendes Herz zwischen seine kalten Finger nahm. — —

Dann machte ich mir halbwach irgend etwas klar — — der Mann müsse mit den Ellenbogen an Stricken aufgehängt gewesen sein, nur durch Herabrutschen von den Stufen hatte sein Körper in die aufrechte Stellung geraten können — — und dann — — dann rüttelte mich jemand: „Sie sollen zum Herrn Kommissär." — — — — —

Und ich kam in eine schlecht beleuchtete Stube, Tabakspfeifen lehnten an der Wand, ein Beamtenmantel hing an einem Ständer. — — Es war ein Polizeizimmer.

Ein Schutzmann stützte mich.

Der Kommissär saß vor einem Tisch und sah immer von mir weg — er murmelte: „Haben Sie sein Nationale aufgeschrieben?"

— „Er hatte Visitkarten bei sich, wir haben sie ihm abgenommen," hörte ich den Schutzmann antworten.

„Was wollten Sie in der Thunschen Gasse — vor einem offenen Haustor?"

Lange Pause.

„Sie!" mahnte der Schutzmann und stieß mich an.

Ich lallte etwas von einem Mord im Keller in der Thunschen Gasse. — —

Darauf ging der Wachmann hinaus.

Der Kommissär sah immer von mir weg und sprach einen langen Satz.

Ich hörte nur: „Was denken Sie denn, der Doktor Cinderella ist ein großer Gelehrter — Ägyptologe — und er zieht viel neuartige, fleischfressende Pflanzen, — Nepenthen, Droserien oder so, — glaube ich, ich weiß nicht, — — — — Sie sollten nachts zu Hause bleiben."

Da ging eine Tür hinter mir, ich drehte mich um, und dort stand ein langer Mensch mit einem Reiherschnabel — ein ägyptischer Anubis.

Mir wurde schwarz vor den Augen, und der Anubis machte eine Verbeugung vor dem Kommissär, ging zu ihm hin nd flüsterte mir zu: „Doktor Cinderella." — —

Doktor Cinderella!

Und da fiel mir etwas Wichtiges aus der Vergangenheit ein, — das ich sogleich wieder vergaß.

Wie ich den Anubis abermals ansah, war er ein Schreiber geworden und hatte nur einen Vogeltypus und gab mir meine eigenen Visitkarten, darauf stand: Doktor Cinderella.

Der Kommissär sah mich plötzlich an, und ich hörte, wie er sagte: „Sie sind es ja selbst. Sie sollten nachts zu Hause bleiben." —

Und der Schreiber führte mich hinaus, und im Vorbeigehen streifte ich den Beamtenmantel an der Wand.

Der fiel langsam herunter und blieb mit den Ärmeln hängen.

Sein Schatten an der kalkweißen Mauer hob die Arme nach oben über den Kopf, und ich sah, wie er unbeholfen die Stellung der ägyptischen Statuette nachahmen wollte.

Siehst du, das war mein letztes Erlebnis vor drei Wochen. Ich aber bin seitdem gelähmt: habe zwei verschiedene Gesichtshälften jetzt und schleppe das linke Bein nach.

Das schmale hektische Haus habe ich vergeblich gesucht, und auf dem Kommissariat weiß niemand etwas von jener Nacht.